Joachim Cron

Hat der Schulmeister Brot

oder Ich bin Schulpatron. Lustspiel in 3 Aufz

Joachim Cron

Hat der Schulmeister Brot
oder Ich bin Schulpatron. Lustspiel in 3 Aufz

ISBN/EAN: 9783743685819

Hergestellt in Europa, USA, Kanada, Australien, Japan

Cover: Foto ©ninafisch / pixelio.de

Weitere Bücher finden Sie auf **www.hansebooks.com**

Hat der Schulmeister Brod?

oder

Ich bin Schulpatron.

Ein

Lustspiel

in drei Aufzügen.

von

Einem ehemaligen Katecheten.

— — De paupertate Tacentes
Plus poscente ferent. Horat. L. I. epist. 17.

Prag und Leipzig
bei Caspar Widtmann.
1786.

Hoc quoque te manet, ut pueros elementa Docentem Occupet extremis in vicis balba senectus.

Horat. L. I. epist. 20.

Dem

Hoch und wohlgebornen

Herrn, Herrn

Baron Heinrich Smacker

Kaiſ. K. General Feldwachtmeiſter

Meinem

Gnädigſten Herrn und Gönner.

Zum Glückwunſche.

Hoch und wohlgebohrner Freiherr!

Gnädiger Gönner!

Lange saß ich dem Augenblike entgegen, der mir itzt die Freiheit schenkt, der ganzen Welt zu sagen, daß ich IHNER Grosmuth ewigen Dank schuldig bin. Mein froher Glückwunsch zu IHRER hohen Würde, die IHRE Verdienste krönt, kömmt hier mit der Dankbarkeit Hand in Hand geschlungen und opfert EUER GNADEN ein Lustspiel, worin der Obriste IHREN Karakter nur mit schwachen Zügen malt.

Wenn dort die gedungene Meuchelfeder *) Malherben zu seinem, von IHREM Klienten weit abstehenden Veter sagen läst: "Gehe und werde Soldat." — über seine Studien misvergnügt, soll er so gesprochen haben — So ist es im Gegensatz immer ein süsses Vergnü-

---

*) Der aufrichtige Mönch an seinen Mit-

gnügen für mich, daß EUER GNADEN zu einem Klienten, der Soldat war, schon zweimal sagen konnten: Gehe und werde Lehrer; ich darf mich ohne Schaamröthe nennen.

Euer Gnaden

Meines hochzuverehrenden Gönners.

Mit ewigen Dank verbundener

Joachim Cron.

Personen

Der Obrist von Edelfeld.

Grollius, Amtmann auf dem Gute des Obersten.

Schrepfer, ein Dorfbader.

Lehrhold, Präzeptor und Schulvertreter des Dorfes.

Kristine, Wittwe des vorigen Schullehrers.

Hanchen, ihre Tochter.

Donner, ein Korporal, zuletzt Feldwäbel bei dem Regimente des Obersten.

Dick, ein Gastwirth.

Dorchen, von 12 Jahren) seine Kin-
Karl, von 13 Jahren   )   der.

Schacher, ein Jude.

Eine Ordonanz.

Einige Bauern.

Das Stück spielt in einem Dorfe.

Die Handlung hebt Vormittags an, und endiget sich Abends.

Die Szene ist im Gasthofe des Dorfes.

Erster Aufzug.

Erster Auftritt.

Dorchen spinnt am Rädchen Baumwolle; Karl übt sich im Schreiben.

Dorchen. Schreib nur so fein Karl, als sich diese Baumwolle spinnen läßt.

Karl. Zweifle nicht, Schwesterchen; bald sollst du eine Vorschrift sehen, die sich gewaschen hat. Aber, wirst du mir auch so schön nachschreiben, wie du spinnst? — Ich hab dir heute eine Feder aus einer Martingans geschnitten.

Dorchen. (springt auf, und besieht Karls Schreiben.) Schön! schön! Liebes Brüderchen; gern, recht gern werde ich mich heute von dir überwunden sehen. — Wahrhaftig, wir gestehen! Da wird der Herr Lehrer eine Freude haben, wenn du ihm diese Schrift vorzeigen wirst.

Karl. Ja Freude — sonst hatte er wohl eine Freude, die mir lieber war, als ein Frühstück; itzt ist er einige Tage so traurig, so niedergeschlagen!

Dorchen. (das Garn abwerfend, vertraulich) Haſt recht Karl; was ihm nur fehlt? — Er erzählt gar keine so luſtigen Stückchen mehr, wenn wir Mädchen spinnen.

Karl. Ja, ja, es muß ihm was am Herzen liegen, sonſt wär er nicht so in Gedanken.

Dorchen. Haſt recht, wenn der Vater böse oder mürriſch iſt, da redet er auch wenig, und als der Mutter unlängſt ein Dutzend Gänſe verlohren giengen: da mußte ich auch zehnmal fragen, ehe ich eine Antwort bekam; da war kein Stecken grade.

Karl. Hör! was wundern wir uns? Es necket dir ja eines das andere auf der Welt — ſo ſagte der gute Lehrer öfters; Nun trifft es ihm vielleicht ſelbſt.

Dorchen. Geh doch, wer könnte dem guten Manne feind ſeyn? wer im Dorfe ſollte ihm was zu Leide thun? — Kein Vater, keine Mutter gewiß nicht; er lehret doch uns Kinder recht fleißig, recht freundlich — wenn unſere Pathe uns einen Kuchen ſchenkt, ſo hat die Mutter eine Freude drüber, und iſt der Pathe gut — und ſieh nur Bruder die Lehre iſt doch mehr werth, als ein Kuchen.

Karl. Ja, da frägt dir unſer Vater, der Herr Amtmann und der Bader wenig darnach, Sie ſchimpfen ja den ganzen Tag auf die neue Schuleinrichtung. Mir thut das Herz weh, wenn ich es höre.

Dorchen. So liebe, ſchöne Sachen verſpottet man!

Karl.

Karl. Und frägt doch nie darnach, was wir lernen und können. —

Dorchen. Wo hab ich den das Spinnen gelernt, wenn nicht in der Schule?

Karl. Wo hab ich das bischen Schreiben, Rechnen, und Lesen her, wenn nicht aus der Schule?

Dorchen. Ich würde die Fäden auf der Haspel kaum zusammenbringen, wenn ich nicht mit dir das Rechnen gelernet hätte. — Das soll mir einmal der pralerische Bader da ausrechnen: wenn ein Mädchen alle Tage ein Gärtchen Baumwolle spinnt, und dafür einen Groschen verdient, wie viele 100 — dächte ich Brüderchen, viele tausend! Ich wollte wetten das träfe der Bader nicht, wenn er auch um einen Groschen Kreide verschriebe.

Karl. Du wirst plauderhaft, kleine Spinerin; laß mich fortschreiben.

Dorchen. Um Vergebung fleissiger Herr Bruder! (sie sezt sich wieder zum Spinnrädchen) Ich sitze schon wieder und schnurre.

Karl. So recht. (schreibt fort.)

Zweiter Auftritt.

Donner und die Vorigen.

Donner. (zwischen der halbgeordneten Thüre im Bettlerton.) Ein armer abgedankter — (macht murmelnd die Thüre wieder zu).

Karl.

Karl. Geschwind Dörchen, geschwind gieb Almosen ehe der Vater kömmt.

Dörchen. (mitleidig.) Gewiß ein fremder Bettler, oder ein Ausländer; denn bei uns ist ja die Armenversorgung eingeführt. Was gieb ich ihm wohl dem armen Fremden? warte, ein Glas Brandtwein. (schenkt ein.)

Karl. Hier hast du den Groschen den mir gestern der Korporal für das Schreiben schenkte, gieb ihm dem Armen.

Donner (hereintrettend.) Nicht so freigebig, nicht so verschwenderisch junger Kanzelist! Ha, ha, ha, — Guten Morgen.

Karl. Guten Morgen, Herr Donner. (Reisse.) Der Rapport wird gleich in die Arbeit kommen. Erst Schulsachen — denn Pflicht, wie sie immer sagen geht vor.

Dörchen. (den Brandtwein überreichend.) Ja, ja, ein Schluck Brandtwein vor der Soldatenpflicht, wie der Vater sagt, der geht vor.

Donner. (trinkt) Prosit! — Ah, so ein Frühstück hält Leib und Seele zusammen. Schlapperment! ein solcher Schnips vor einer Battallie — und den fertig! Schlagt an! Feuer — Apropos; warum bleibt die kleine Marketändlerinn so lange heut früh bei ihrer Schnurr Maschine?

Dörchen. Ich verstehe sie, Hr. Donner; sie haben gewiß Heimlichkeiten mit ihrem Kanzellisten. Will nicht stöhren. (geht ab.)

Drit-

Dritter Auftritt.

Donner, Karl.

Donner. Gut, daß das Schnapperle weg ist, itzt tumle er sich mit dem Rapport, Lieber Karl; denn er muß heute noch eingereicht werden. Noch eins, bring er doch Hanchen auf die Schule (er zieht einen Brief heraus) dies Briefchen.

Karl. Wie? Ich soll gar ihr Postillion werden?

Donner. Nicht nur dieses, sondern auch einst, hol mich der Teufel, mein Kompagnieschreiber, denn unter uns Karl ich bin Feldwäbl.

Karl. Gratuliere, Herr Feldwäbl. (aufrichtig.) Ich hab über jedermanns Glück meine Freude. — Aber mit den Posten tragen, lassen Sie mir Ruh, wenn Sie mein Freund seyn wollen, Hanchen, wie ich merke, ist ohnehin schon die Freundin meines Lehrers. Sie werden also mit ihrem Briefchen zu spät kommen.

Donner. Junge, du hängst an deinem Lehrbold, wie eine Glätte; und eure neue Schulmethode verdirbt euch doch ein bischen die Köpfe.

Karl. Aber warum lassen Sie denn ihre Rapporte nach dieser neuen Schreibmethode verfertigen? (hämisch) Sehet doch, wie die grossen Herrn eigensinnig sind; Sie tadeln oft Sachen, mit denen Sie sich in der Noth helfen müssen.

Don-

Donner. Gewöhn er sich das Raisoniren ab, Karl, das geht nicht an, wenn man mit einem Feldwäbl spricht, diese Vernünfteleien plappert er, wie ein Pappagei seinem Präzeptor nach. Aber izt werden ihm auch ein wenig die Federn ausgerupft; folglich wird ein wackerer Feldwäbl, in Hanchens Augen mehr gelten, als der arme Schulklepper;

Karl. Schlimm genug, daß der Mann, der ein ganzes Dorf erziehen soll, nicht besser belohnt wird. — Der Hirt hat ja Brod, und —.

Vierter Auftritt.

Dick und die Vorigen.

Dick (beim hereintreten) He, da stecken die Papierschmierer schon wieder beisammen!

Donner. (Die Gesundheit trinkend.) Es gilt einen guten Morgen Herr Wirth.

Karl. (dem Vater die Hand küssend) Guten Morgen, lieber Vater. (er schreibt weiter.)

Dick. Herr Donner, brauchen Sie auch solche Dinte (auf den Brandtwein zeigend) in in ihrer Kriegskanzellei? (zu Karl hämisch.) Was machst du wieder für Hüner und Gänsefüsse auf das Papier da? Junge, Junge, du verkritzelst mir eine Menge Papier mit deiner Normalschule; und lernst doch nichts. — Nichts lernt ihr mit den Narrenpossen.

Karl. Der Vater hat ja noch nie meine Schrift angesehen. (will ihm die Schrift zeigen.)

Dick (mürrisch) Geh nur mit dem neumodischen Kritzlwerk; auf solche Tändeleien schau ich gar nicht.

Karl. Aber, lieber Vater; (wehmüthig) sein Beifall —

Dick. (Karln von sich stossend) Da hab ich Zeit diese Schmierereien anzusehen. — Hat dich gewiß dein sauberer Lehrer angestiftet, um sich mit dir zu pralen? O ihr bekehrt mich dennoch nicht zu Eurer Possenmacherei da.

Donner. (trinkt nachdem ihm Dick eingeschenkt hat.) Prosit Herr Wirth, die alten Deutschen sollen leben.

Dick. Nichts neues Herr Korporal?

Donner. Hm! Nichtviel. — Das Schulgesindel ist nun ein bischen in der Klemme — die Kantorei wird bald einem Bankerott machen — Holl sie der Henker, die Bursche; Sie haben mir manchmal, als ich noch ein munterer Junge war, das Leder gegarbt. — Taufgeld und Kolleta ist hin.

Dick. Ach! das wär! — Recht so, recht so.

Karl. Aber die arme Schulmeisterin verliert dabei sehr viel; ich hab Mitleiden mit ihr.

Dick. Schweig verzärtelter Junge; was verstehst du.

Donner. Ich dachte stets, holl mich der Teufel, die Leute leben besser, als unser einer; und dörfen doch kein Pulver schmecken.

Karl.

Karl. Opfern aber ihre Gesundheit ungezogenen, zuchtlosen Kindern auf; dienen auch dem Vaterlande; leben gewiß manchmal recht kümmerlich!

Dick. Hab ichs nicht gesagt, daß der verführerische Präzepter aus den Jungen spricht.

Karl. Lieber Vater! verachte er diesen guten Menschen nur nicht so sehr — er plagt sich mit uns rechtschaffen, und lehrt uns viel Gutes.

Dick. Lauter Neuigkeiten.

Donner. Lehren ist seine verfluchte Schuldigkeit, und was verdient er sich nicht mit der Musik in der Schenke? — Er hat mir selbst schon etliche Siebenzehner aus der Tasche gefiedelt.

Karl. Schlimm genug, daß sich der arme Lehrer seinen Lohn in der Schenke mit der Violine verdienen muß! der gute Mensch ernährt damit die arme Wittwe und Tochter; denn der Schulkreuzer langt kaum auf Käse zum Brod aus. Viele, viele arme Kinder werden umsonst gelehrt, und zahlen nichts.

Dick. Hast du das Gewäsche da nicht von Wort zu Wort in der Schule auswendig gelernt? — So richten sie die Kinder ab, daß sie zu Hause bei den Eltern für sie das Wort führen sollen. Wer es glaubte, daß die Schulmeister Noth leiden? Ich nicht, das bischen Kolletageld die paar Taufgroschen, die sie uns (hämisch) zu Liebe einbüssen — der Bagatell macht sie noch nicht arm.

Donner. Sags auch Herr Wirth; (trinkt) nun wird aus der Heurath des stolzen Hanchens wohl

Ich bin Schulpatron.

wohl auch nichts werden; Lehrhold wird sein Glück auch weiter suchen müssen; Denn die Schulmeisterei geht betteln. Nun wird unser einer im Uniform eher etwas gelten; Hanchen war bisher gegen meinen Schnurbart sehr spröde.

Dick. Eifersüchtig, ha, ha, ha, eifersüchtig.

Karl. Die gute Jungfer plagt sich wohl mit den Mädchen rechtschaffen — spinnen, nähen, stricken, lehrt sie unsere Schwesterchen; reden Sie mir ja nichts widerste Herr Donner; sonst ist dies der lezte Rapport, den ich ihnen abschreibe. (Er bestreut das Blatt, und übergiebt es Donnern.)

Dich. Ist das ihr Kanzellist, Herr Donner?

Donner. Zum Spaß — (stolz.) Da geb ich ihm manchmal Gelegenheit etwas zu profitiren.

Dick. Danke, danke; denn in der Schule lernen sie ohnehin nichts die armen Kinder.

Fünfter Auftritt.

Schrepfer und die Vorigen.

Schrepfer. (Im Hereintretten.) Bene dixisti domine; ich bin auch ein antipathetischer Freund, scilicet von allen diesen inventirten Novitäten und onerosen Inventionen; denn me hercle! unser einer von Metie' ist cujonirt, ob-
schon

schon man seine demonstrirte praxim omni titulo vor jedermann dociren kann, und als approbirter chirurgus die Sanität auf dem Lande zu conserviren sucht; nihilominus ist man der neoterischen Fopperei exponirt, und muß sich die praxim quoad interiora denegiren lassen, wenn man sich nicht den fatalen examinibus unterziehen will, und seine erworbene Szienz vor denen hämischen juvenastis ein wenig in petto behält — und damit bonus dies ihr Herren.

Dick. Servus, Herr Nachtbar, servus, da hört man wieder einen Gelehrten von alten Schrot und Korn sprechen, dem das Lateinische vom Maul geht — Nicht wahr Herr Donner?

Donner. Nur Schade, daß Herr Schrepfer, sein Latein nicht pulverisiren, und den Dorfjungen eingeben kann, damit sie das alte Kuchel- und Kellerlatein, wie es die itzigen Normalisten nennen, löffelweis auffressen könnten. Ha, ha, ha, ich hab das Lateinische längst beim deutschen Kommandiren vergessen.

Schrepfer. Und serio loquendo das Latein war doch stets das Prädikatum eines alten studiosus; dies bleibt ein verificirter Satz; denn gleich wie der alte Brantwein acuminoser war, und ampliorem essentiam in den Magen infundiren konnte, so, daß dadurch die interiora erwärmet wurden: eben so, und nicht anders ist der spiritus der alten lateinischen Eloquenz durch ihre copiam verborum stärker und kräftiger, als die superficielle Latinität unserer Neulingen.

Dick.

Dick. (Ihm einschenkend.) Zum stärkeren Beweis ein Gläschen von dem neuen deutschen unlateinischen Brantwein; servus, servus!

Donner. Keinen Pazienten, Herr Doktor?

Schrepfer. Nichtviel. Da des kleinen (auf Karln zeigend.) Normalisten sein Präzeptor, oder hodierno stilo, sein respective Lehrer hat mich um ein Antispasmoticum gebeten. — Wo es dem jungen Hypochondristen fehlen muß.

Karl. Wie? mein bester Freund krank? (betroffen.)

Dick. Nun! was wär es? (kalt.)

Schrepfer. Das malum wird sich leicht errathen, und eruiren laßen — mi Deus! die Kolleta — sapientia pauca — das Taufgeld — Ja so geht es uns alten Leuten von der Kunst auch; ars mendicat! Wie soll man sich über die neotericos wundern, wenn sie ein bischen in einen Paroxismus der Accidentien verfallen, der den lateinischen und deutschen Pazienten schwer fällt.

Karl. Dem wird schon ein höherer Arzt abhelfen, sagt immer mein geduldiger Lehrer mit Ehrfurcht gegen die neuen Einrichtungen! und da tröstet er die gute alte Frau Schulmeisterin und Hanchen, wenn sie mit einander weinen. — Man wird den Lehrer der armen Kinder doch auch nicht betteln laßen: sagte er neulich und wischte sich eine Thräne ab. Ich muß ihn besuchen! ja itzt gleich (lauft ab.)

Sechster Auftritt.

Schrepfer. Dick. Donner.

Dick. Da haben wir die Empfindelei, die man den Kindern beibringt; da lallen sie schon von lauter Mitleiden, Barmherzigkeit, und weinen über jedes elendes Lumpengesind. — Fressen sich nicht satt, wenn sie ein Betteljunge ansieht, schwatzen der Mutter alle alte Lumpen ab, um sie selbst ketzerischen Kindern zu schenken, die mit ihnen die Schule besuchen: schwatzen von lauter Menschenliebe und Duldung — Ha, ha, ha, — Narretei! Narretei! das kömmt alles von dem naseweisen Normalisten her.

Schrepfer. Olim non sic. Wir sagten unsere Hauptstücke auf: und dann punctum satis.

Donner. (der sich bald mit seinem Anzuge beschäftiget, bald die Pfeife stopft) Mit gescheidten Leuten, hol mich der Teufel, da ist es eine Freud, zu reden; wenn ich des Herrn Schrepfers Latein verstünde: ich getraute mir noch General zu werden.

Dick. Das dächt ich wohl auch — Je nun's und hat doch immer nach der alten Art studirt.

Donner. Ihr Leute wißt nicht was ihr für ein Orackel in euerem Dorfe habt.

Schrepfer. (Trinkt gravitätisch, und thut sich auf sein Lob was zu gute) Ja, ja, im Frühling der Jahre ab incunabulis hätten Sie mich kennen sollen, domine Donner:

Ich bin Schulpatron. 21

Donner. Wills glauben — unterdessen commendo me Herr Hippokrat; muß doch sehn was ihr Pazient auf der Schule macht.

Dick. Gewis Kandidat um die vakante Schulmeisterstelle; wenn Lehrhold stürbe — Hm! Hanchen macht Eifersucht unter euch Springern.

Donner. Wird nicht so gefährlich seyn, mit dem traurigen Schulklepper — Herr Wirth lassen Sie sich unterdessen vom Doktor ein Rezept für die Jalousie verschreiben — wenn von Hanchen die Rede ist, da vergißt Herr Dick wohl auf den Haß der Normalschule. Nichts für ungut Adieu! (geht ab.)

Siebenter Auftritt.

Schrepfer und Dick.

Dick. Wie spöttisch die Stutzer sprechen — Hm! wenn das Mädel Verstand hätte — ich bin auch noch ein Mann der zu leben weiß. —

Schrepfer. Verum est (Trinkt) aber die neuen principia sind ansteckend; Lehrhold hat weder dem Helden, weder dem Gastwirth ein spatium in dem Herze der normalmäßigen Sponsel übrig gelassen.

Dick. Die Noth wird sie schon anders denken lernen.

Schrepfer. (da er Lehrholden die Thür öfnen sieht) Ah! benevento, benevento Herr Pazient, lupus in fabula.

Achter Auftritt.

Lehrhold (führt Karln und Dorchen an der Hand herein) und die Vorigen.

Dick. Nun das heißt geschwind kurirt Herr Schrepfer.

Schrepfer. Ja — so ist meine Methode; gratulor, gratulor domine Lehrhold.

Lehrhold. Danke — die Sache war nicht so gefährlich; einige Alterationen — weiter nichts — Nun wäre wieder alles gut.

Karl. Wenn es nur in der Schule auch wieder so gut und richtig wäre!

Dorchen. Ja Vater, der Amtmann lärmt.

Karl. Und will alles zur Stube hinauswerfen —

Dorchen. Alles verkaufen —

Karl. Und Geld von der guten armen Frau haben.

Lehrhold. Schweigt Kinder — es ist nur eine kleine Uebereilung von diesem Manne — Er meint es vielleicht so übel nicht.

Karl. Wenn das nicht so übel gemeint war! — wie er mit dem Stock auf den Tisch schlug — wie er drohte!

Dick.

Ich bin Schulpatron.

Dick. Ha, ha, ha (gefühllos) den Spaß hätte ich mit ansehn müssen.

Schrepfer. Ridiculum — ridiculum-aliquid — da mag es diabolice zugegangen seyn.

Lehrbold. Grausam und traurig genug; aber eben mehr Mitleids und der Thränen, als eines kalten menschenfeindlichen Gelächters werth.

Schrepfer. Jam iterum mit ihrer Apprehension zu Felde. Ihr neoterici seyd lauter Empfindler, antea härtete man uns ab. — Da wurden aber auch Leute aus einer solchen Education; (trinkt) ich will cum frigido sanguine einen Pazienten ein Bein absägen; oder (die Kinder machen schauernde Geberden) einem verrückten Normalisten ein halb Dutzend Löcher in calvariam crepaniren, oder auch Witzlingen mit einem Schock Schröpfköpfen das freigeisterische Blut heraus scarificiren, oder euch Lästermäulern der emeritirten Latinität, an jede Lippe 20 Blutigeln appliciren, ohne dafür timorem panicum zu bekommen, oder wegen einer guten Porzion Blut, die ich einem Kranken nach der Methode und Praxis abzapfte, in Konvulsionen, und Paroxismen zu verfallen — Ergo zieh ich die consequenz ex antecedenti; ein Amtmann und ein Medikus der alte lateinische principia hat, muß Blut sehen können, und nicht so weibisch fantasiren, wie ihr neoterici, denn foemineum dices, quod foemina sola reposcit — Was woll ihr Juvenaste mit euerer Menschenliebe und Alfanzereien alten experimentirten Aerzten und Beamten Gesetze præscribiren? Qualis præsumtio? —

Lehrhold. (der ihm einigemal in die Rede fallen wollte, kein Gehör findet, und endlich die Achseln zuckend, Zeichen des Mitleidens ausdrückt.) Wenn wir nicht Originale von solchen Karakteren aufzeigen könten, so würde man glauben, daß die Satire über sie wäre. — (für sich) Wer ließ sich mit solchen Leuten ein? — Gott! —

Dick. Nun heraus mit der Farbe Herr Lehrhold? (hönisch) Kann nicht lateinisch, was brauchts mehr? —

Schrepfer. (stolz) Hab schon mehr solche Bursche cum Flagello ciceroniano zusammengekarbatscht.

Lehrhold. (steht tiefsinnig da, die Kinder weinen) Freunde (zu Dick und Schrepfern) Laßt euch durch das mitleidige Herz dieser Kinder nicht beschämen. Die Lage einer armen Wittwe ist elend genug, um auch das Herz eines rechtschaffenen Mannes zu rühren. Der Amtmann verfährt doch zu hart mit meiner Patronin, wegen 20. Thaler, die sie in der lezten langwierigen Krankheit ihres seligen Mannes ausborgen mußte — ein so wilder Lärm! — gar keine Nachsicht! —

Schrepfer. Je nun euer Kredit fällt, ihr Herrn Schulmatores.

Dick. Hanchen ist bei allem diesen stolz genug.

Lehrhold. Verleumden Sie die gute Seele

Dick.

Dick. Parthelisch, parthelisch.

Lehrhold. Spötterei hat noch nie — einem Unglücklichen geholfen.

Schrepfer. Fiat juſtitia — Was hilft das Gewinſel? Auch ich (wild) & ego, habe noch ein debitum pro cura des weiland verſtorbenen zu repetiren (aufſtehend und austrinkend) und weil nun heute das Eiſen warm iſt, ſo muß man auch uno ictu ſchmieden — muß gleich ad dominum Grollium hinſpringen, damit das malum peccans mit einem Brechmittel aus der Wurzel gehoben wird. (gehet geſchwind ab) commendo me.

Dick. Servus, servus, ha, ha, ha, itzt wird der Lärm erſt recht angehen; Schrepfer kömmt nun auch noch mit einigen Thälerchen Forderung dazu — (mit Schadenfreude) Das muß Madam Kriſtlnen in die Enge treiben — ha, ha, ha, — Der Mamſell Hanchen werden die Flügel ſinken.

Lehrhold. (der verwirrt und beängſtigt auf und abgeht) Pfui, ſchämen Sie ſich ſolcher Geſinnungen Herr Wirth, noch mehr, ſchämen Sie ſich ſolcher Reden vor ihren Kleinen —

Dick. Die Sie mit ihrer neuen Lehre verzärtelt haben — Sie müſſen noch abgehärteter werden.

Karl. Hilf der Vater lieber der Frau Schulmeiſterin — ich bitte.

Dorchen. Ich auch — (die Kinder nehmen ihn bei der Hand).

Dick.

Dick. Lauter angelerntes Wesen, lauter Flaussenmacherei. Für solche stolze Leute wirft man nicht gern das Geld zum Fenster hinaus! (höhnisch) euer Vater ist doch Hanchen zu schlecht? Nun, könnte es seinem Gelde nicht besser gehen; da, der Herr Lehrer, könnte wohl eher nach der neuen Methode der Schule Hilfe verschaffen.

Lehrhold. Wir bitten! (beiseite) Gott! könnte es der Arme, du weist es, daß er das Mitleid fühlt, was er lehret! Mit meinem Blute wollte ich die arme Familie retten (sich fassend) aber im Ernste Herr Wirth wissen Sie keinen Rath zu schaffen? — Vergessen Sie auf Hanchens Sprödigkeit, werden Sie wenigstens mein Freund. (vertraulich) Hab ich nicht auf einige Thaler Kredit? (Er sieht die Kinder an, sie entfernen sich aus Bescheidenheit)

(Karl und Dorchen ab.)

Neunter Auftritt.

Dick, und Lehrhold.

Dick. So wenig ich der neuen Lehre gut bin, und so zuwider ihr Normalisten mir seyn mögt — so könnte doch Rath werden — aber wie ich sage — ein Gefallen erfordert auch den andern —

Lehrhold. Ich verstehe Sie nicht Herr Wirth — reden Sie deutlicher — an meinen Gegendiensten dörfen Sie nicht zweifeln. Mit meinem Blut will ich Ihnen wieder dienen —

borgen Sie mir etliche Thaler — Nur ich will ihr Schuldner seyn.

Dick. (kaltblütig) Ja, nun drückt Sie der Schuh —.

Lehrhold. Ich schäme mich meiner Armuth nicht. —

Dick. Und doch stolz auf die Bettelei der Schule!

Lehrhold. Man ist reich genug, wenn man mit dem Bewußtseyn belohnet wird, daß man der jungen Menschheit nützlich zu werden gearbeitet hat.

Dick. Nun wieviel Thaler gilt dieser Gedanke? He? ich borge keinen Groschen darauf — Aber wenn Sie gescheidter seyn wollten — (vertraulich) wenn Sie einem ehrlichen Manne dienen wollten, der ein Mädchen nicht so unglücklich machen kann, als ein neugebackener Schulklepper — da könnte Rath werden —

Lehrhold. In billigen Sachen — um Sie mir verbindlich zu machen — da steh ich zu Diensten; Aber — doch ich versteh Sie nicht — reden Sie deutlicher.

Dick. Kurz. Sie bleiben heute bei mir beim Essen; wir trinken ein Glas Wein auf diesen Schrecken; denn wird die Zunge zu unserer Berathschlagung ein bischen geläufiger — werden wir Handels; denn —

Lehrhold. Wozu die Räthsel? Frei von der Brust.

Zehnter Auftritt.

Donner, unter den lezten Worten eintretend, und die Vorigen.

Donner. (der die lezten Worte wiederholt) Ja doch, frei von der Bruſt — Hol mich der Teufel das iſt ein Soldatenſpruch (zu Lehrholden) Ah, treff ich den kranken Schäfer hier an? Wollte Sie eben auf der Schule beſuchen, bedauern und nicht beweinen — und da war der Pazient dem Bette entlaufen, und erſt hier kann ich ihm an die Puls fühlen; (nimmt Lehrholden bei der Hand) Grüß Sie Gott Herr Schwager! — Sie verſtehen doch Spaß? denn Hanchen iſt, hol mich der Teufel, ein feines Mädchen (Ihn bei der Hand haltend) Nichts für ungut Herr Lehrhold —

Lehrhold. Mich wundert es, daß wir einander nicht begegneten; denn ich bin unlängſt hier.

Dick. Eben war der Herr Korporal zur Thüre hinaus, als Herr Lehrhold flüchtig vom Schlachtfelde hereintrat, und uns die Bataille von dem Herrn Amtmann auf der Schule erzählte — Ich hätte mich mögen zu tode lachen über das Unglük der Schulmeiſterei — Ha, ha, ha, — —

Donner. Dort war es bei meiner Seele nicht zum Lachen. — Ich kam eben zum Sekurs, als der wilde Amtmann am heftigſten bombardirte,

und mit seinem Stock Brandschatzung heraus-
fuchteln wollte. Der Kerl machte sich fürchter-
lich wie ein Satan, fluchte wie ein Leinweber
in einer schwarzen Husarenmontirung, stampfte
wie eine Kompagnie, wenn halt! kommandirt
wird; räsonirte wie ein Vizegefreiter auf Kommando — und verdienet sich den Titel: gestrenger Herr, aus Leibeskräften — Mir fuhr das
Ding durch den Uniform; Schwerenoth! Es schüt-
telte mich wie wenn ich Brantwein mit türki-
schem Pfeffer getrunken hätte; Ich bin kein weich-
herziger Mann, hol mich der Teufel — ich will
einem Taugenichts oder einem Dieb mit kaltem
Blute 50. Prügl auf das Leder dreschen; und
bei dem Gewinsel des gedroschenen Schurkens lachen — (heftig und geschwind redend). Ich will
einem Kerl der keine Subordination kennt, die
Rüppen so zerblauen, daß ihm die Seele in die
Nasenspitze fahren soll — Aber das Frauenzim-
mer kann ich nicht kränken sehen. Hol mich der
Teufel da steht mir der Bart; Und Hanchen —
so schüchtern sie gegen einem braven Soldaten
thut, schon gar nicht. Sie weinte; die alte
Frau Kristina weinte; da gieng es zu, wie wenn
wir ins Lager ausmarschiren, und uns die Schönen des ganzen Dorfes mit Thränen die Arriere-
Garde machen; So giengs zu. Ich knirschte mit
den Zähnen „ Was ist das für eine Art Herr
Grollius sagte ich — „ Was hat er — er sich
darein zu mengen? Donner und Wetter! Sag
mir der Herr das nicht zweimal „ — Hier bin
ich Herr, sagte der tausend Sapperment! — Und
pack-

pack — pack er sich in sein Quartier — Das war mir genug; ich kriegte ihn bei der Brust und schleuderte den Weiberhelden zur Thür hinaus —; da fühle, fühle einen Mannsarm, gestrenge Memme, und krepire eher als du mir Hanchen kränckest — so sprach ich; blaß wie eine Leiche murmelte mir der Feind im Retiriren noch einige Drohungen zurück; ich machte rechtsumkehrt euch, tröstete Hanchen und die liebe alte Schwiegermutter, und tröstete halt nicht so geschickt — so wirksam, wie der Herr Lehrhold, der vom Schlachtfelde davon lief, würde getröstet haben. Und kurzum hier bin ich ohne Blessuren. —

Dick. Da wird erst der Lärm recht angehen — Ha, ha, ha — da ist Oel ins Feuer gegossen worden — der Herr Grollius ist auch ein hitziger Mann, auch ein heftiger Mann, wenn seine Ehre beleidiget wird. Nun wird er es dem Herrn Schrepfer, der eben itzt zu ihm gegangen ist; und auch eine alte Schuld bei der Schule einfordert, nun wird er es diesem lateinischen altstudirten Juristen klagen, und beide werden ein sauberes speciem factus oder faxis zusammen dividiren.

Lehrhold. Ihr unzeitiger Eifer Herr Korporal wird das Uibel verschlimmern — ich fürchte, ich fürchte, (wird ängstlicher).

Donner. Ich fürchte meinen Gegner nicht.

Dick. Aber seine Rachgierde Herr Korporal.

Donner. (stolz) Potz Korporal und der Teufel, Korporal hin, Korporal her — Ihr Leu-

Ich bin Schulpatron.

te und der Amtmann und der Schrepfer, der lateinische Doktor Fitzliputzli, habt mit keinem Korporalen mehr zu thun — der Feldwebl Donner (gravitätisch) wird sich Respect zu verschaffen wissen. (geht aufgeblasen auf und ab)

Dick. (die Mütze abnehmend) Um Vergebung, darf ich gratuliren?

Lehrhold. Sie scherzen doch nicht Herr Donner — ich wünsche es wäre.

Donner. Es ist wahr — hat Karl noch nichts ausgeschwätzt? — das wäre viel. Eben heute Morgen erhielt ich einen Brief vom Stab, worinnen mir ein guter Freund mein Avancement zu wissen macht. Wir bleiben heute zu Mittag beisammen um zum Lebewohl eine Bouteille Wein auszuleeren — nicht wahr?

Dick. Bin schon mit der Einladung vorgekommen, Herr Feldwebl — und werde gleich in der Küche nachsehen, damit wir keinen Hunger leiden — das heißt unerwartete Freude! viel Glück, viel Glück. (geht ab)

Eilfter Auftritt.

Lehrhold und Donner.

Lehrhold. Und was empfahl Sie wohl vorzüglich Herr Donner?

Donner. Dienstjahre, Konducte, und Schrift.

Lehrhold. So sehet man bei ihrem Stande doch auf Verdienste?

Donner. Wer zweifelt? Wäre ich an Ihrer Stelle, so gut gewachsen — so geschickt mit der Feder — hol mich der Teufel, ich wüßte was ich thäte; denn ich halte ein Stückchen auf Sie mein Freund, wenn ich auch manchesmal auf die Schulmeisterei losgepaucket habe; ich heulte mit den Wölfen; ich that es dem alten Narren zu gefallen, dem pedantischen Salbader, Schrepfer, und meinem vierschrötigen Wirth hier. Schimpfen wohl grössere und ansehnlichere Schmaroßer oft nur parcompagnie mit.

Lehrhold. Das würde ich nie thun, man hindert dadurch den Fortgang der guten Sache.

Donner. Gut Ding, bleibt gut Ding. Später erkennt man doch seinen Irrthum. Soll mich Gott strafen, Freund ich bin Ihr heimlicher Schüler.

Lehrhold. Das wohl nicht; Sie scherzen. —

Donner. Nicht anders, ihr Schüler. Ich schriebe nach den Vorschriften, die Sie Karln gaben, erwarbe mir eine saubere Hand, die Ihrer und des Knabens Schrift so ähnlich ist, daß ich den Knaben öfters wie heute zur Abschreibung der Rapporte gebrauchen konnte, wenn mir Zeit mangelte. — Der Knab schreibt troß einen Fourier, und rechnet wie ein Kaufmann.

Lehrhold. So sprechen Sie zum erstenmal der einzige im Dorfe.

Donner. Ja, vor dem Tode, und vor der Abreise, da sagt man, hol mich der Teufel, gerne die Wahrheit.

Lehrhold. Ich tracht sie stets zu sagen. —

Donner.

Ich bin Schulpatron.

Donner. Auch Hanchen erfährt also lauter helle reine Wahrheit von Ihnen?

Lehrhold. Sie verdient keine Lüge.

Donner. Sags auch. Sie bleiben also heute beim Feldwebel Donner als Gast? Belügen Sie mich nicht, bin gleich wieder da. (geht ab)

Zwölfter Auftritt.

Lehrhold allein.

Lehrhold. (der sich gegen den abgehenden einigemal verbeugt.) Ich bleibe freilich — aber wie bitter wird mir jeder Bissen werden, den ich ohne Hanchen verzehren solle! — vielleicht vermischt Sie ihre Thränen mit den Thränen ihrer gekränkten Mutter in dem Augenblick, da mir kaltblütige Leute, die meine Leiden nicht wissen, ein Glas Wein aufdringen werden. — Ich sollte zu ihrem Trost nach Haus eilen. — Aber was werden Worte helfen, wo der thätige Trost — wo Geld fehlt? — Und vielleicht erhält ich hier einiges — Dick machte mir ja Hofnung. — Wenn ich nur seine Bedingnisse wüßte — Ich will nicht zu frühe Böses argwohnen; aber ich ahnde etwas, — ich ahnde — (Hanchen erblickend.) Nun meine Liebe! wie steht es?

Dreizehnter Auftritt.

Hanchen, und Lehrhold.

Hanchen. (beim Hereintreten.) Schön! schön! Sie fliehen ihre Frunde, wenn Sie im Unglücke sind? Sie verlassen uns in der Verfolgung?

Lehrhold. Nur um Hilfe zu verschaffen, mein Kind — kurz, um Geld aufzubringen, bin, und bleib ich hier: und um grössern Uebeln auszuweichen, eilte ich hieher. — Ich würde die groben Beleidigungen des Amtmannes, Beleidigungen, die meinem Hanchen (zärtlich) die der Mutter meiner Geliebten geschehen, nicht lange mit kaltem Blute angesehen haben. — Hat sich nicht selbst der Herr Donner vergriffen, und den Unbarmherzigen zur Thüre hinausgeworfen? Und noch kann er die Kränkungen, die Hanchen angethan werden, nicht so heftig als ich fühlen — glauben Sie es meine Freundin?

Hanchen. Ich muß es glauben, wenn ich denke, daß Sie redlich sind. Also heute nicht zum Mittagessen?

Lehrhold. Wenn ich Geld auftreiben will: freilich nicht — trösten Sie ihre liebe Mutter; vielleicht ist in einer Stund das Ungewitter vorüber. Ich denke mein Hanchen wieder Heiterkeit zu verschaffen — oder —

Hanchen. Bester Jüngling! (mitleidig) wie beklage ich Sie, daß Sie für ein armes

Ich bin Schulpatron. 35

unglückliches Mädchen schon als Liebhaber so viel Kummer und Verdruß haben müssen.

Lehrhold. Bin belohnt, recht angenehm belohnt meine Liebe!

Hanchen. Wem dankbare Liebe? wem mein Herz? —

Lehrhold. Gott!! — — — Laß sie mich nur durch edle Gesinnungen verdienen; zu thätigen Sachen Beweis der Großmuth zu geben, bin ich zu arm —

Hanchen. Reich genug: mit einer solchen Seele — o — bilden Sie doch alle Knabenseelen so sanft, so gut — denn werden Sie hundert Mädchen einst so glücklich durch ihre Freundschaft machen, wie Lehrhold sein Hanchen!

Lehrhold. Ja könnte ich! könnte ich — am guten Willen fehlts nicht.

Hanchen. Ich hoffe auf die Vorsicht; die ihre Gedanken leiten wird.

Lehrhold. Ich lehrte Sie oft diese Hofnung. Sie soll mir heute nicht fehlen. — Aber das schwöre ich ihnen meine Freundin, eher muß ich, als mein Hanchen, ein Opfer der Verfolgung werden. Lassen sie mich machen; grüssen und trösten Sie unsere Mutter.

Hanchen. (sich Thränen abwischend.) Wir sehen Sie doch bald zu Hause?

Lehrhold. Nicht eher, als bis ich mich als Tröster mit einer heitern Miene kann sehen lassen.

Hanchen. (bückt sich beurlaubend) Mein Freund!

Lehrhold. (den Blick auf Sie geheftet) meine Freundin! (Hanchen geht ab.)

Vierzehnter Auftritt.

Lehrhold. (ihr nachsehend) Gutes Kind du sollst nicht umsonst von mir Trost erwarten — deine Mutter wird sich in ihrer Hofnung von mir nicht betrügen. Helfen will ich euch, ja helfen mit meinem Blute — aber doch mit erlaubten Mitteln, die ich gebrauchen, und ihr annehmen könnet — gut, daß Sie nicht länger verweilte — Sie entfloh faden Spöttereien und lieblosen Anmerkungen über unsere traurige Lage. Mich wundert es, daß wir diese paar Wörtchen, ohne dem wilden Hohngelächter des Wirths ausgesetzt zu seyn, miteinander sprechen konnten — und doch will ich den kalten Spott des Gefühllosen lieber allein; als doppelt mit Hanchen dulden — Dick! will mich sein Kredit verdienen lassen, er schwätzte vorhin von einem guten Rath, von der Möglichkeit uns zu helfen — er fodert meine Dienste dafür — nur in billigen Dingen! — für Hanchen wag ich alles — (entschlossen) ich will ihn beim Worte nehmen. (geht ab.)

Ende des ersten Aufzugs.

Zweiter Aufzug.

Erster Auftritt.

Lehrhold, und Dick.

Dick. Da werden wir gleich mit einander richtig seyn;

Lehrhold. Deßwegen rief ich Sie auf ein paar Worte in die Stube herüber. Nun sagen Sie mir doch, wie ich ihre Gefälligkeit verdienen kann?

Dick. Mit leichter Mühe — sind Sie ein bischen klug: denn — (zählt auf der Hand Geld.)

Lehrhold. Und wie? — reden Sie.

Dick. Sie wollen doch im Ernste Hanchen und ihrer Mutter helfen?

Lehrhold. Ja doch — mit meinem Blute.

Dick. Ha, ha, ha, das kann ohne Blutvergießen geschehen.

Lehrhold. Desto besser; aber —

Dick. Aber gescheudt müssen Sie seyn, sag ich, gescheudt — die verliebten Grillen müssen Sie ausschlagen, müssen recht kaltblütig denken, wenn Sie ein Mittel, daß ich ihnen vorschlagen werde, begreifen, und zu Hanchens Besten anwenden wollen.

38 Hat der Schulmeister Brod? oder

Lehrhold. Was würde ich nicht alles für Hanchen thun.

Dick. So recht. Nun sehen Sie armer Teufel — (mit hönischen Mitleid) Sie haben sich unglücklicherweise an dem Mädel vergafft; und die junge Närrin ist in den normalmäßigen Schlucker zu ihrem Schaden so vernarrt, daß Sie dem verliebten Bettler zu Gefallen reichere Heurathen ausschlägt. —

Lehrhold. Ersparen Sie sich diese Spötterei Herr Dick; ich erwartete keine bittere Demüthigung, sondern freundschaftliche Hilfe von Ihnen.

Dick. Man muß gewisse Leute lächerlich machen, wenn man sie klug haben will — und das müssen Sie werden — sonst — (drohend)

Lehrhold. Wie theuer? lassen Sie sich ihre Gefälligkeit abkaufen!

Dick. Ja man wirft sein Geld nicht so geschwind dem hungerichen Schulvolke in den Hals — es kömmt einem der Schulkreuzer sauer genug an;

Lehrhold. Ich sagte es Ihnen schon einmal: mit Spott ist dem Unglücklichen nicht geholfen. Zur Sache Herr, zur Sache!

Dick. Nun sehen sie meine Nachricht, mein gutes Herz: ich sollte auf Sie böse seyn, sollte Sie in der Noth stecken lassen; weil Sie mir Hanchen verführt haben; — aber nein, ich will mich überwinden, ich will auf den Korb vergessen, den Lehrhold geflochten, und Hanchen mir gegeben hat.

Lehr=

Lehrhold. Da thun Sie klug, recht klug daran.

Dick. Nicht wahr? so hören Sie also: Der reiche Gastwirth Dick, will so gutherzig seyn, und will einem Bettelmädchen, das ihn verschmähet hat, mit Geld helfen — noch nicht genug — er will Sie mit dem alten elenden Bettelweibe, mit ihrer schuldenmachenden Mutter, aus dem Elende der Schulmeisterei herausreissen —

Lehrhold. (für sich) Wilde, stolze Großmuth.

Dick. Noch mehr — er will sich ihrer erbarmen, und Sie heurathen, wenn —

Lehrhold. (mit ungeduldiger verdrüßlicher Miene) — Wenn? —

Dick. Ja — wenn ihr bester Freund Herr Lehrhold, nichts darwider hat.

Lehrhold. (sieht ihm scharf in die Augen) Sie scherzen Herr Dick? —

Dick. Nein im Ernst. Nicht war Sie wundern sich über meine Ehrlichkeit? Sie können das freilich nicht begreifen; wie ein solcher, der sein ehrliches Auskommen hat, sich so vergessen kann, und 20 Thaler für ein armes Mädchen hinauszuwerfen im Stande ist? — das dachte ich eben — Ihnen mag das eine große Summe scheinen; denn sie haben vielleicht noch nie 20 Thaler im Beutel gehabt —

Lehrhold. (schüttelt den Kopf, wundert sich über die Unverschämtheit, unterdrückt seinen Unwillen und redet nur in Geberden.)

Dick. Nun? bin ich nicht billig? Nicht wahr, Sie hätten das bei mir nicht gesucht?

Lehrhold. (nach einer bedeutenden Pause) Wahrhaftig nicht gesucht — so etwas gewis nicht gesucht, nicht geträumet — (sich fassend) — aber ein solcher Handel braucht Ueberlegung, Herr Dick — viele Ueberlegung — denn einer von uns muß verliehren. —

Dick. Wie ich ihnen sage, aus den paar Thälerchen macht sich unser einer nicht viel — wenn man nur dienen kann.

Lehrhold. (sich in die Lippen beissend) Vielleicht erspare ich Sie Ihnen — ich denke —

Dick. Was denke, denke? — Eingeschlagen so ist der Handel richtig —

Lehrhold. Das geht zu weit! — darzu gehört Ueberwindung;

Dick. Das glaube ich, daß Ueberwindung dazu gehört, wenn man 20 Thaler für ein Lumpenmädchen aufopfern soll — sie bewundern es? Aber das kann ich — das will ich aus Barmherzigkeit. —

Lehrhold. Gott! was soll ich antworten? verdient die arme Tugend eine solche Bewegung? —

Dick. Sie verdient es freilich nicht, das arme Püpchen — aber was thut ein altkristlicher Mann, das ihr neuen Witzlinge begreifen könnt? —

Lehrhold. Ich bin ganz betäubt über ihren Antrag Herr Wirth, ganz von Sinnen (mit Ausdrücken.)

Dick.

Dick. Nun, nun vergrössern Sie doch mein bischen Mitleid nicht gar so heftig — die Einbildung macht aus 20 Thälerchen oft 20 Millionen — ha, ha, ha — erholen Sie sich, erholen Sie sich.

Lehrhold. Ich brauche wirklich frische Luft — (geht ab.)

Dick. (nachschreiend) Für Freude, für Freude! Ha, ha, ha —

Zweiter Auftritt.

Dick, allein.

Dick. Der arme Teufel alterirt sich schier für Freude. — Nun: unser einer hat es doch — was will man schon mit dem Lumpengepack thun? — Aber Hanchen wird sich wundern, daß ich Sie noch 20 Thaler werth schätze — Ja! — solchen Leuten muß man zeigen, das einem das Geld nicht an das Herz gebacken ist, wenn Sie ihr Elend einsehen, und ehrlichen Leuten vor der Nase herumschnalzen. Was die Armuth nicht kann! Ja, ja, mit abgeschnittenen Flügeln ist es eine Kunst zu flattern, und die Schulvögel sind nun so ziemlich zugestutzt — bald werden Sie zum Kreuze kriechen. —

Drit-

Dritter Auftritt.

Karl, und Dick.

Karl. (haſtig hereinſpringend) Aber ums Himmelswillen, liebſter Vater was iſt denn dem Herrn Lehrhold widerfahren? Hat ihm jemand etwas zu leid gethan? — drauſſen im Garten geht er auf und ab — und weinet! der liebe gute Mann! was ihm doch fehlen muß? Helf er ihm doch! (nimmt ihn bittend bei der Hand)

Dick. Iſt ſchon geholfen, liebes Kind, ſchon geholfen; darum weint er auch der arme Schelm aus lauter Herzensfreud — ha, ha, ha, hab ichs nicht geſagt?

Karl. So kann man für Freude auch weinen? Das iſt wunderlich!

Dick. Ja du haſt noch keine Welt — lieber dummer Junge! das haſt du in deiner neuen Schule noch nicht ausſtudiert —

Karl. Eine ſolche Freude mag ich auch mein Lebtag nicht fühlen — es iſt ſchlimm genug, wenn man für Schmerzen weinen muß! Ach der Schacher kömmt.

Ich bin Schulpatron.

Vierter Auftritt.

Schacher, und die Vorigen.

Schacher. Gott grüß Sie, Herr Dick, — schon lange nicht gehandelt mit einander — giebts heut was zu handeln? (legt sein Gepäcke ab.)

Dick. Bei mir wohl nicht, aber der Feldwebl Donner kann vielleicht etwas brauchen.

Schacher. Nu! Herr Donner ein großer Herr geworden? da muß ich auch gratuliren, auch ein Wunsch machen, bei mein Leben, ist ein braver Mann — ein bisl scharf — ein bisl scharf. (zeigt mit der Hand wie stark Donners Faust sey) wird wohl ein Röhrl mehr brauchen — denn er hat mein Seel eine frische Faust;

Dick. Er sagte, unlängst, daß er ein Rohr brauche.

Schacher. Nu! da steh ich zu Diensten — hab etwas rares, etwas wohlfeiles.

Dick. Schau doch, Karl, wo er ist, und ruf ihn her.

Karl. Gleich, gleich (lauft ab.)

Fünfter Auftritt.

Dick. Schacher.

Schacher. Nichts neues Herr Wirth —
Dick. Da bekümmere ich mich wenig darum

rum; denn ich halte mehr auf die alten Thaler — alles was neu ist, das ist mir auch zuwider wie die neue Schule.

Schacher. Hab auch so gedacht — war auch ein solcher Narr — aber itzt gefällt mir das Ding; mein Seel! ich schick mein Davidel in die neue Schul — und er schreibt schon etwas rares, etwas feines — bei meinem Leben, Davidel, rechnet besser, als sein Tataleben — er liest wie eine Plappermühle, mein Seel!

Dick. Da gab ich wenig darauf Achtung, was mein Karl oder Dorchen gelernet haben; Ich hab ihre Schreib- und Rechenbücher noch nicht angesehen; aber das weiß ich gewis, daß sie nichts kennen, weil sie nach der neumodischen Art gelehrt werden.

Schacher. Nein! der Herr Dick kömmt mir vor, als wie ein Kaufer der die Waare schimpft, die er nicht angesehen hat, bei meinem Leben, man muß den Kram lassen auslegen, muß die Waare angucken, wenn man sie tadeln will;

Dick. Auf schlechte Waare da seh ich gleich nicht.

Schacher. Nu sieht nicht drauf der Herr Wirth — ich mein Seel seh drauf, ehe ich handle.

Dick. Ich glaub Schacher ihr seyd schon mit den Grillenfängereien angesteckt. Braucht nicht gescheudter zu werden ihr Juden; seyd ohnehin zum Betrügen witzig und gelehrt genug.

Schacher. Für gescheudtere Bürger und Bauern gehören auch gescheudtere Juden, wenn

Ich bin Schulpatron.

sie etwas beim Handel verdienen wollen — Karl und Davidl werden einmal gescheudter handeln.

Sechster Auftritt.

Donner, und die Vorigen.

Donner. Ja wohl, gescheudt handeln will ich auch, hol mich der Teufel, oder ich will nicht Feldwebl Donner heißen.

Schacher. Gratulire, gestrenger Herr Feldwebl — nichts zu handeln? ein Röhrl hätt ich, etwas feines, — so gewachsen, wie der neue Herr Feldwebel —

Donner. Hälst du damit 50 Hiebe aus ohne daß es springt? das ist meine Probe.

Schacher. Sie spassen, — bei meinem Leben, ich will Ehre einlegen mit der Waare.

Dick. Da macht ihr euern Handel mit einander aus; ich muß einen Sprung auf die Schule thun; Adieu derweile. (ab.)

Siebenter Auftritt.

Donner. (ihm nachsehend) Der will gewis im Trüben fischen.

Schacher. Mein Seel, es ist trüb auf der Schule. Noth — große Noth ist da, — Hm! was gehts mich an? — Nü, wegen dem superfeinen Röhrl? hier sehen sie ein schönes Stück

zeigt

(zeigt ihm ein Rohr) Nu? was soll ich haben? krieg ich 2 Ducaten —

Donner. (das Rohr aufmerksam betrachtend) Donner und Wetter! dies Rohr sollt ich kennen! — hör einmal Schacher, wo hast du den Stock her? — rede, oder — (er hebt den Stock drohend)

Schacher. Das heißt eine Frag! wo soll ich meine Waar herhaben? der Stock ist mein — und krieg ich einen halben Souverain, so ist er des gestrengen Herrn Feldwebels.

Donner. Dies Rohr sah ich beim selbigen Schulmeister — oder ich will des Todes seyn.

Schacher. Was hilft das Geschmus? Ich habs nicht gestohlen.

Donner. Aber wo gekauft? (drohend)

Schacher. Kanns auch gestehn — ist kein Halsverbrechen — habs beim Herrn Bader, beim Herrn Doktor Schrepfer gekauft; — unter uns Herr Feldwebel.

Donner. Wie kam dieser zu dem Erbstück? — warte, Lehrhold wird die Sache aufklären?

Achter Auftritt.

Lehrhold, und die Vorigen.

Lehrhold. Was giebts?

Donner. Kennen sie dieses Rohr?

Lehrhold. (betrachtet es) Das — Rohr — war — die Stütze meines seligen alten Prinzipals.

zipals. Er kaufte es kurz vor seinem Ende — wie kömmt dieses hieher? der Selige gab es dem Bader Schrepfer für seine kleine Bemühungen, während seiner kurzen Krankheit, um seine Wittwe nach der Begräbniß nicht mit Anforderungen zu plagen.

Donner. Wissen sie das gewiß?

Lehrhold. So gewiß, als ich meine Schulkinder kenne; Ich stand dabei, wie es der latinisirte Quecksilber ohne Gewissen für ein paar Besuche annahm; dem nämlichen Tag starb mein Prinzipal und (den Knopf des Rohres besehend) hier muß sein Name stehen — richtig, richtig! da sehen sie einmal!

Donner. Hol mich der Teufel, es ist der lebhafte Name des Verstorbenen! und der tausendsaperments Bartscherer ist heute vormittags in das Amtshaus gelaufen!

Lehrhold. Was? Klagen?

Schacher. Wie? was? das ich nicht gezahlt hätte? ich bin ein ehrlicher Jud! Herr Schrepfer ist mein Seel bezahlt — soll verschwarzen!

Donner. Halt beim Satan das Maul! von dir ist keine Rede; er hörte die Schuldforderung des Amtmanns erzählen. So lief er gleich klagen!

Lehrhold. Ja — das war früh, wie ich hieher kam — ich gab nicht Achtung, warum er klagen lief — ich war damals ganz betrübt — war eben aus dem Tummult hieher gekommen — dachte nur an das Unglück meiner

Freun-

Freundinen — war ganz tiefsinnig. Das ahndete ich wohl, daß er zur Unzeit vielleicht eine andere kleine Schuld einfordere und die arme Kinder vollends zu Grund richten helfe; aber ich verhörte die Gattung seiner Schuld.

Donner. Nun da haben wirs, wie ihr Studenten betäubt seyd! ich bin kein Lateiner; aber das verstund ich wohl, daß der Marktschreier so etwas von curus, cura, curum, hermurmelte und pochend dahinlief — hol ihn der Diabulus oder sein Kommendant der Luzifer!

Schacher. Mein Seel, das ist ein schlechter Streich — kapore, das ist ein Mamser! Verschwarzen soll er — ich bin ein Jud und hab Mitleid mit der armen Frau Schulmeisterin; ich weiß wie die Armuth thut. Pfui über den Schrepfer —

Donner. Aber der soll euch dafür mit diesem Rohr frictiones bekommen, oder wie man die lateinische Schinderei heißt — Stern, Kreuzbattaillon! ich will ihm ein Pflaster auf die Lenden schmieren, daß er die Engeln soll singen hören. Deutsch soll mir der Doktor Stuckfunjus noch heute, recht aufrichtig deutsch reden, und die neue Schulmethode loben, wo man mehr Ehrlichkeit lehrt, als manchmal ihre Verräther besitzen; deutsch soll er werden (mit dem Rohr drohend) der humilimus servus per fas & nefas, der, oder ich klopfe solang an, bis er mir auf deutsch sagt: herein — (er hauet herum, so daß der Jud die Hiebe fürchtet.)

Lehrhold. Er wird durch die Schande schon genug gestraft seyn.

Donner. Ja Schande, Schande fürchten und achten solche alte Sünder nicht. Sie sind nicht wie die itzigen Kinder an die Belohnungen der Ehre gewöhnt.

Schacher. Das ist wahr — ich darf meinem Davidel nur mit dem schwarzen Buch drohen; so folgt er wie ein Lamm, soll ich Leben!.

Donner. Itzt zu unserem Handel zurück; was zahl ich für diesen hölzernen Zeugen der Wahrheit?

Schacher. Ich verlang kein Profit für Freude, weil die Wahrheit heraus kömmt; ich krieg nur das wieder, was michs kostet. Was Sie mir über 3 Gulden geben, daß werden wir vertrinken, so wahr ich ein ehrlicher Jud bin.

Donner. (zahlt das Geld) Das Rohr ist also mein; aber weh dem Schrepfer mit seinem Schuldenprozeß! itzt muß ich zum Befehl: (besieht die Uhr) Adieu Herr Lehrhold; bedienen Sie sich; es ist schon Wein angeschaft; (zum Juden) vielleicht nehm ich noch heute ein weisses Tuch auf einen Kapotrock. (geht ab.)

Neunter Auftritt.

Lehrhold, und Schacher.

Schacher. (nachrufend) Hab etwas feines, etwas rares, bei mir. Sie handeln nichts Herr Lehrhold?

Lehrhold. Heute nicht; aber Geld braucht ich.

Schacher. Nu, zu ein paar Gulden könnt auch Rath werden, wenns Noth hätte. Mein Seel! ich bin ein Schuldner, ein grosser Schuldner — mein Davidel schreibt, und rechnet nur so schön, weil ers von einem braven Meister, von Ihnen gelernt hat. Ich hab mich, mein Seel, neulich mit einem alten Juden gezankt, weil er auf die neue Schule, dummes Zeug hergeschmust hat: die Bocherle, sagt er werden keine Juden, keine Gojen werden, weil sie das neue Gezeug lernen, — Was schmust du für Narrenpossen her? sagt ich; verschwarzen soll der Jud, der seine Kinder nicht will zu guten Menschen erziehen lassen! und das thut die neue Schule, sie macht Menschen, die arbeiten, lesen, schreiben, rechnen, und denken lernen — so sagt ich — und wenn ich Ihnen dienen kann Herr Lehrhold: nur geschaft — kann Rath werden.

Lehrhold. Ich danke euch ehrlicher Jud für euer gute Meinung; möchte doch nicht mancher kristlicher Vater von euch beschämt werden! der grösste Lohn des Lehrers ist der Beifall der Eltern — deren Kinder er unterrichtet; das Geständniß eines Vaters, daß er an seinem Söhnchen eine Freude habe, weil er von mir etwas gelernt hat, das ist mir angenehmer als Geld und Silber; so arm ich bin.

Schacher. Hm, von dem Geständniß allein, kann der Schulmeister auch nicht leben.

Lehrhold. Da hofft er genugsam auf die Gerechtigkeit und Billigkeit seiner hohen Obern.

Schacher. Apropos! die Frau Schulmeisterin, muß auch in großer Noth stecken, — denn die hat heute, mein Seel, hübsche Sachen verstoßen müssen (vertraulich) Sie können es schon wissen; denn Sie sind ein guter Freund von der Tochter. Es müssen manchmal reichere Leute etwas zur Fasching verstoßen, oder versetzen. Ich bedaure nur Jungfer Hanchen.

Lehrhold. Warum? was giebts? redet guter Freund! hat man euch etwas auf der Schule verkauft? oder —

Schacher. Verkauft, verkauft, ein bissel Silber, etwas Kupfer, etwas Zinn; und ich soll noch ein Pack neue Federn abholen, die auch schon behandelt sind. Schade drum, mein Seel, Schade drum! vielleicht ists gar das blutsauer ersparte Brautbett der Jungfer Hanchen — ist auch ein guts Kind — wie Sie, so wahr ich ein ehrlicher Jud bin, ich verhandle die Sachen nicht; verschwarzen soll ich, wenn ich sie nicht wie ein Pfand aufhebe, und ohne Rebach zurückgebe; ich will nur mein Geld wieder, kein Profit — mein Seel!

Lehrhold. Ehrlicher Mann eure Aufrichtigkeit rettet Hanchen vielleicht ihren kleinen Brautschatz. Ich hab Geld zu hoffen.

Schacher. Wenn Sie gut sprechen, bei mein Leben, so brauchts kein Geld; ich borge — weil Sie mein Kind lehren.

Lehrhold. Bei Gott, mein Freund, das will und kann ich nicht annehmen; mit Geld müßt ihr euren Kindern Brod schaffen, und oft selbst zum Handel auf starke Zinsen borgen. Aber habt Geduld; Herr Dick hat mir so halb und halb Geld versprochen; erhalte ich es unter billigern Bedingnissen, als die gestrigen waren, die er mir antrug: so löse ich die arme Ausstattung, die Mitgabe meiner Hanchen, die sich ihr seliger Vater vom Maul absparte, gleich aus — wenn er nur bald käme, der —

Schacher. Wie? auf den Wirth, auf den wilden Mann warten Sie? ich will verschwatzen, wenn er ein Kreuzer hergiebt, ausser er hat zehnfachen Nutzen. Ja, Herr Dick, Herr Dick, — und borgen? das reimt sich mein Seel nicht zusammen; ich zweifle, ich zweifle.

Zehnter Auftritt.

Dick, und die Vorigen.

Dick. (mürrisch hereintretend) Ich hätte nicht gezweifelt, und dachte, daß Lumpenback werde meinen Antrag annehmen; aber nein, sie erkennt ihr Glück nicht, die Zofe! eine andere würde mit beiden Händen zugegriffen haben, wenn sich ein solcher Mann wie ich — ihr anböte —

Lehrhold. (betroffen) Sie haben doch nicht gar einen Antrag?

Dick. Ausgeschlagen, ausgeschlagen haben sie einen solchen vortheilhaften Antrag, die Närrinnen! nicht wahr Sie wundern sich?

Lehrhold. Bis zum Entsetzen, wundre ich mich Herr Wirth über die Unverschämtheit!

Dick. Das dacht ich, armer Schlucker, das dacht ich; die Armuth lehrt Sie schon zum Kreuze kriechen —

Lehrhold. Aber verleitet mich nie zu Niederträchtigkeiten, die Sie mir und meinen Freundinnen zumuthen — (ernsthaft) man kann arm und doch ein ehrlicher Mann seyn. Dienstfertigkeit und Tugend vertragen sich auch miteinander.

Schacher. (der bisher aufmerksam zuhörte) Bei mein Leben s'ist wahr, ich bin ein armer Jud, aber ein ehrlicher Jud. Herr Lehrhold es bleibt beim Wort; wenn ich dienen kann — bin gleich wieder da; hab noch einen kleinen Handl im Dorf. Gott behüt Sie.

Eilfter Auftritt.

Lehrhold, und Dick.

Dick. Ich glaub, auch Sie haben sich anders besonnen? He? desperater Amant!

Lehrhold. Wie ich itzt denke, so dacht ich immer; wenn ich auch die Geduld hatte, ihren unverschämten Antrag anzuhören. Sie hielten mein Stillschweigen für Beifall? lieber Mann, Sie betrogen sich. Danken Sie meiner Bescheidenheit, die Ihre Grobheiten, Spöttereien, und demüthigende Vorwürfe nicht mit gleicher Münze bezahlte. Ich wollte Ihnen nicht ähnlich werden. Aber wie konnten Sie sich unterstehen meine versprochene Braut in der Noth zu versuchen? ihr niederträchtige Anträge zu machen? — für einen solchen Unmenschen ist Sie nicht feil; ich würde mein Leben für sie hingeben, und ein roher Geizhals glaubt Sie mit 20 Thalern zu erhandeln? — schämen Sie sich, schämen Sie sich! — lernen Sie mich, lernen Sie mein Hänchen besser kennen.

Dick. Nun armer Nachmittagsprediger (höhnisch) ist die Bußpredigt schon zu Ende? — Habt recht; verhungert miteinander; verhungert in einem andern Winkel der Erde; denn der hiesige Schuldienst ist hin — ja sicher hin. Herr Grollius ist beleidigt, aufgebracht, rasend! (heftig) er wird nach Rechten in Sachen einschreiten, so sagte er mir itzt gleich; wird verkaufen was er ertappen kann; wird sich bezahlt machen! und denn wird er auch zu seiner Satisfakzion der alten Schulmeisterin den Dienst nehmen, und euch alle aus dem Dorf jagen, weil ihr den wilden Soldaten angestiftet habt, der sich an dem gestrengen Herrn vergriffen; und das wünsch ich! es muß ein Spektakel geschehen, es muß ein Exempel stabulirt werden — (geht brummend ab.)

Zwölfter Auftritt.

Lehrhold, allein.

Lehrhold. Gott! sind das Menschen? meine Brüder? (geht einige Augenblicke in tiefen Nachdenken auf und ab) Hanchen — ihre Mutter — mich will man beschimpfen? — sollte sie noch nicht gezahlt haben? — sie hat ja Hanchens kleine Ausstattung verkauft — ich muß nach Haus eilen — ja nach Haus, um die Unglücklichen zu trösten — (will abgehen.)

Dreizehnter Auftritt.

Dick. die Thüre vertretend, Lehrhold.

Dick. Nein, so kömmt mir ein solcher Praler nicht fort. Halt! erst das heutige Mittagmal bezahle: denn steht die Thüre offen. (hält ihn auf)

Lehrhold. Wie? Unverschämter! — kann man die Grobheit höher treiben? doch — (sich fassend) ich war ja nicht Ihr Gast? Herr Donner hat mich geladen; und diesen will ich erwarten, um ihm zu Ihrer Beschämung zu danken.

Dick. (geht beschämt ab) Das wird sich zeigen, wer Wirth im Hause ist. (geht ab)

Vierzehnter Auftritt.

Lehrbold. Aus einer Verlegenheit in die andere! alles hat sich wider mich und meine arme Freundinen verschworen. Es muß doch einmal Sonnenschein dazwischen kommen; lange genug hat es gedauert — alles dieses wird mich in meinem gutgemeinten Plan, der armen Freundschaft zu helfen, nicht irre machen; befestigen soll es diesen männlichen Gedanken. — Das bischen Freiheit — Hanchen geopfert! — Sie verdient es — vielleicht mach ich sie bald in einem andern Stande glücklicher. (sie erblickend) Sie kömmt eben wie gerufen.

Funfzehnter Auftritt.

Hanchen, und die Vorigen.

Hanchen. Ums Himmelswillen! wo sind Sie dann so lange? — wir sind verlohren! und Sie eilen uns nicht zu Hilfe?

Lehrbold. Noch nichts verlohren, liebes Kind! ich weiß alles.

Hanchen. Und doch nicht, daß Schrepfer uns um den Schuldienst gebracht hat?

Lehrbold. Wie? Sie träumen doch nicht? — der Elende will sich ehrlichen Leuten auch unter die Füsse werfen? denn drücken kann er nicht — er will doch nicht aus den Kindern Blut-

tigeln

ilgeln ziegeln? Ich kann es kaum glauben, daß —

Hänchen. Der Amtmann ihn angestellt habe? nicht anders. Eben itzt war er mit ihm auf der Schule und kündigte uns sein übereiltes Urtheil an. Meine gute Mutter zählte ihm die schuldigen 20 Thaler auf den Tisch hin — er erstaunte, und schien seine Uebereilung zu bereuen. Aber auf einmal erinnerte sich der rachgierige Mann an die Beleidigung, die ihm Herr Donner auf unsere Anstiftung soll angethan haben; er fieng an zu fluchen und zu drohen; führte Schrepfern als Zeuge an, und dieser Verräther betheuerte in verstümmelten Kuchellatein, daß er es beweisen und demonstriren wollte, daß Sie heute Vormittags von uns zum Herrn Donner um Hilfe geschickt wurden. — Ich will die neumodische Schulfuchserei mit Stumpf und Stiel ausrotten; sagte er; wir sind auch gescheudte Leute geworden, und haben diese Possen nicht gelernt, Herr Schrepfer, Sie sind ein Mann von altlateinischen Schrot und Korn — Ihnen als einem Mann der Subordination gegen seine Obrigkeit kennt — er meinte sich — Ihnen trag ich diesen Schuldienst auf, der schon lange genug aus meiner Barmherzigkeit vakant war; der neugebackene und hergelaufene Lehrhold aber, der kann für diese undankbare Familie — so nennte er die weinende Armuth — "noch heute kann er voraus für seine Braut Quartier machen, und seinen Stab weiter setzen — ich will es bei der gnädigen Herrschaft

schaft verantworten „ — " Bene, bene, sagte Schrepfer, und neigte sich tückisch bei jedem Worte bis auf die Erde. Nun können Sie schlüssen, wie uns dabei zu Muthe war?

Lehrhold. Ich kann mir ihre traurige Lage einbilden; aber fürchten Sie nichts; wird alles gut werden. Die Vorsicht sorgt für uns. Ich wollte heute selbst ein Werkzeug der Vorsicht seyn, und von dem Wirth Geld ausborgen, um Sie zu retten; aber der Niederträchtige vereitelte meinen Wunsch. Sein Antrag —

Hanchen. Wissen Sie ihn?

Lehrhold. Ich weiß alles und hab ihn mit Schande abgewiesen.

Hanchen. Das dacht' ich, als der Lügner vorgab, Sie hätten mich ihm für 20 Thaler abgetreten. Nein dacht ich, daß kann mein Lehrhold nicht; und schickte ihn mit einem grossen, grossen Korbe fort. Noch etwas, worüber Sie erstaunen werden; der garstige Schrepfer verlangte zuletzt als er Geld sah, auch noch eine kleine Schuld von etlichen Thalern, für seine Mühe meinem armen Vater ins Grab geholfen zu haben; und ohngeachtet wir uns auf das Rohr beriefen, das ihm der selige am Todbette schenkte; so läugnete er doch alles, um uns bis aufs Blut zu kränken. Noch hab ich Mitleid mit meiner armen Mutter — auch sah ich ihre Thränen, und höre ihre Seufzer noch, mit denen sie, von dem Poltern des Amtmanns erschreckt, den lezten Thaler auf den Tisch hinlegte — den Schrepfer

fer kaltblütig einsteckte, und ihr das übrige zu schenken vorgab, um für ihn zu beten? (sie weint)

Lehrhold. Der lateinische Heuchler! was Vorurtheil und Eigennutz bei einem alten Knaben nicht vermögen!

Hanchen. Aber was ist nun anzufangen?

Lehrhold. Lassen Sie die Vorsicht und mich sorgen — Ich weiß noch mehr, als Sie mir sagen. Zum Beispiel: wie weh that sich ihre liebe Mutter nicht, als sie ihren Brautschatz verstieß? — ich weiß dieses, und soll nicht auf Mittel sinnen Ihnen zu helfen? — soll nicht Freundschaft, Mitleid, und Menschenliebe — alles aufbieten um mein Hanchen zu trösten? — Ich hoffe, ich hoffe es wird gut werden. In einer Stunde gut werden. —

Hanchen. Bester Freund! von meinem Dank für Ihre Mühe und Sorge, können Sie alles hoffen. Ich eile um Ihren Trost mit meiner Mutter zu theilen. Nun wird Sie Ihnen ihre Abwesenheit verzeihen. (geht ab und Lehrhold begleitet sie)

Lehrhold. Ich will Sie auf einen Sprung begleiten. (ab.)

Sechzehnter Auftritt.

Donner, und Schacher, kommen von der andern Seite.

Donner. Also der letzte Preis von dem weißen Tuch?

Schacher. Zwei Gulden, gestrenger Herr Feldwebel, da verliere ich noch. Wenn ich nicht die Steuer bezahlen müßte; bei meinem Leben; es wär mir nicht für 3 Gulden feil — ein Tüchel, wie ein Sammedt;

Donner. Ich will nicht gern lang handeln; fünf und dreißig — und kein Kreuzer mehr.

Schacher. Was soll ich machen? einem andern thät ich das nicht — Sie sind ein braver Mann. Hier haben Sie es.

Donner. Für dieses zahl ich keinen Pfennig mehr. Also bleibts beim Wort.

Siebzehnter Auftritt.

Schrepfer, und die Vorigen.

Schrepfer. Humilimus servus domine Donner! ich hörte eben, daß sie morgen cum honore zum Stab abgehen sollen; quare und warum ist doch der Aufenthalt eines so honorablen Mannes, der doch Welt hat, das ist: qui
ha-

Ich bin Schulpatron. 61

habet mundum nicht länger bei uns? —, ideo wenn nun das fatum oder Schickſal es ſo determinirt hat, daß unſre Converſation nun in momento und ſo zu ſagen in ictu oculi zuſammen ſeparirt und abrumpirt wird, ſo daß wir nicht ſobald wieder dero conſolirende Societæt bei uns in loco genieſſen werden und können; dero halben wollte nicht ohnermangeln, da ich die ſymptomata und criſin dieſer uns bevorſtehenden Melancholie examinirt und den ſtatum morbi, der in unſrer Kompagnie herrſchen und dominiren wird, proviſoric als neuangeſtellter Rector ſcholæ inquirirt, und meine innerliche Condolenz, welche zu verbergen nicht umhin kann, endlich zugleich mit einer gratulation und Glückwünſchung zu fernerer proſperitæt vergemeinſchaftet hatte, dieſes was in interno vorgieng etiam ab extrinſeco durch ein Vale zu notificiren, und mich ad ulteriora mit allſeitiger Aeſtimation als ein amicus veteranus, in ſchuldigſter Ehrfurcht gegen das hohe Militaire, bei dero inopinate vorgefallenen Abreis, zu recommendiren.

Donner. Hat der Herr auch ein Brechpulver zu ſich geſteckt? denn ich bin Pazient.

Schrepfer. Warum? wie ſo?

Donner. Ich fürchte die verfluchten halblateiniſchen Brocken, die ich hab verſchlucken müſſen, werden mir ein halbes Jahr im Magen liegen bleiben — ein ſolches halblateiniſches Kalb will den ehrlichen vernünftigen deutſchen Lehrhold verdrängen? (ernſthafter) itzt pack dich

Kerl! denn wir kennen einander, seit daß ich dies Rohr in der Faust hab — oder ich puff dir den humilimus servus solang herum, bis 'er mir auf deutsch schwört, er will ein ehrlicher Kerl werden.

Schrepfer. Ad obsequia, ad obsequia — Heute sind Sie generose domine nicht gut disponirt. (geht mit furchtsamen Verbeugungen ab.)

Achtzehnter Auftritt.

Donner. und Schacher.

Schacher. Weh geschrien? wenn mein Davidl von dem neuen Schulmeister so reden lernt, da versteh ich mein Seel mein eigenes Kind nicht.

Donner. Habt nichts zu befürchten; da kömmt ein gescheudterer Mann, der gesunden Menschenverstand lehrt.

Neunzehnter Auftritt.

Lehrhold, und die Vorigen.

Lehrhold. Aber unglücklicher lehrt, als ihr Herr ficht.

Donner. Nun so werf die Ruthe weg, Freund, und greif nach dem Degen.

Lehrhold. Man spricht manchmal im Scherz wie ein Prophet. In der that Herr Donner, ich hab noch vor ihrer Abreise einige Worte nur unter vier Augen mit Ihnen zu sprechen.

Schacher. Da bin ich überflüssig hier? (geht ab.)

Zwanzigster Auftritt.

Donner. Also heraus mit der Farbe.

Lehrhold. Kurz, ich kenne einen jungen Mann, der ein Ausländer, 20 Jahr alt, ein Student und nicht übel gewachsen ist.

Donner. Und dieser?

Lehrhold. Läßt anfragen wie viel er Handgeld zu hoffen habe, wenn er Kriegsdienste annähme.

Donner. Je nun; wenn er Ihnen ähnlich ist, Herr Lehrhold, so versprech ich ihm 8 Dukaten und Kapitulazion dazu —

Lehrhold. Hier ist seine Hand.

Donner. Sie scherzen?

Lehrhold. Im Ernst; nur Geld her, wenn Sie ohne Scherz werben wollen.

Donner. Hol mich der Teufel! ich bring einen Rekruten, der sich gewaschen hat, mit mir zum Staab? — Küß mich lieber junger Mann, und sey mein Kammerad. (Er setzt ihm seinen Hut auf.)

Lehrhold. (umarmt ihn) Gern, recht gern will ich Ihrem weisen und unsterblichen Monarchen dienen;

Donner. Sie dienten ihm ja schon in der Schule und erzogen ihm gute, vernünftige Unterthanen; Sie verwechseln nur den Dienst, der Herr bleibt.

Lehrhold. Ich will nur Ehre und Hanchen verdienen. Als Lehrer wünschte ich diesen Lohn umsonst.

Donner. Auch diesen versprech ich zum Handgeld, wenn Hanchen wider mein Versprechen nichts einzuwenden hat. Ich muß schon mit dem Handgeld, hol mich der Teufel, den Anfang machen. (zieht einen Geldbeutel heraus und zählt 8. Dukaten auf) Zu meinem Glücke hab ich von meinem Bruder Geld zu meiner Equipage erhalten, sonst würde ich einem Rekruten, der 100 Dukaten werth ist, kaum mit 8 Dukaten Muth machen können. Der Jud muß mir das Tuch unterdessen borgen.

Lehrhold. Er wird von einer andern Seite zu Geld kommen.

Donner. Also lustig Herr Kammerad — Hol der Henker den Flögel Grollus und der Satan den lateinischen Spitzbuben Schrepfer. — (In die Scheune rufend.) Mein Herr, Gläser, Herr Wirth! Auf Hanchens Gesundheit! Der wird vielleicht schadenfroh mit Schrepfern plaudern — da ist er der dienstfertige Mann, wenn er Geld merkt.

Ich bin Schulpatron.

Ein- und Zwanzigster Auftritt.

Dick, mit Gläsern und die Vorigen.

Dick. Der Wein kellert. Werde gleich bedienen. (sieht das Geld auf dem Tisch) Ach! da giebts etwas zu verdienen? um Vergebung Herr Lehrhold! — hab mich schon anders besonnen wegen dem Mittagessen — wollte nur einen Spaß machen, wie ich Sie aufhielt. Gute Freunde sieht man stets gern länger bei sich, als sie bleiben wollen, besonders so reiche. (auf das Geld blickend.

Lehrhold. Ihren Karl Herr Wirth —

Dick. (dienstfertig) Hätten Sie gern hier? gleich soll er da seyn. Er hat sich wie eine traurige Nachttaube verkrochen, und will seinem neuen Herrn Lehrer nicht seinen Respekt machen — der dickköpfige Junge der! und Herr Schrepfer will ihn in einem halben Jahr soviel lateinisches lehren, daß ihn kein Mensch verstehen soll.

Lehrhold. Mir soll er nur ein paar deutsche Zeilen aufschreiben und deßwegen —

Dick. Ja, ja. Dinte und Federn, Papier und solchen Schreibeplunder mitbringen; gleich, gleich, (das Geld anblickend) befehl mich mein Herr! (ab.)

Zwei- und Zwanzigster Auftritt.

Donner, und Lehrhold.

Donner. Wie der Kerl dienstfertig ist, wenn er Geld sieht.

Lehrhold. Eine niederträchtige, kriechende Seele, hat nur diesen Bewegsgrund aller, auch schlechter Handlungen. Nur Schade, daß man oft auch Geld nöthig hat um Gutes zu thun! doch denk ich ists immer besser, man erwirbt Geld um Gutes zu thun, als Gutes zu thun um Geld zu erwerben.

Drei- und Zwanzigster Auftritt.

Karl, mit Schreibmaterien, und die Vorigen.

Karl. Hier bin ich zu Ihrem Befehl Herr Lehrer.

Donner. So wird Herr Lehrhold nicht lang mehr heißen, lieber Karl!

Karl. Warum nicht? und wenn der liebe Mann 1000 Meilen von hier weg käme: so bleibt er immer mein Lehrer; er war es ja?

Donner. Nun das macht Ihr itzt unter einander aus; ich will den Wein mit Exekution belegen. (ab.)

Vier = und Zwanzigster Auftritt.

Lehrhold, und Karl.

Karl. Zum Schreiben wär ich fertig; diktiren Sie nach Belieben.

Lehrhold. Wird nur ein kleiner Brief werden. Also schreib er mein Kind. (diktirt)

Karl. (Schreibt und wiederholt) Freundin!

Lehrhold. Keinen Dank — nur Ihre Ruhe — wünscht derjenige — der Ihnen — dieses kleine Andenken — aus Freundschaft übersendet — er wollte nur hier als Mensch — handeln — in andern Fällen — erwarten Sie alles von Ihrem Freund. (dies Diktirte schreibt Karl nachsprechend und bestreut es. Lehrhold legt es zusammen ohne es zu siegeln.)

Karl. Die gute Freundin wird eine Freude haben!

Lehrhold. Das soll sie.

Karl. Nun so hab ich auch etwas beigetragen.

Lehrhold. Da ist er belohnt genug liebes Kind.

Karl. Das denk ich auch. Wenn Sie mich doch öfters so etwas schreiben ließen! für diesen Lohn anderen Menschen was gutes und erfreuliches zu schreiben wollte ich heute Schreiber werden. (erblickt das Geld auf dem Tisch) So viel Geld schicken Sie der guten Freundin? drum haben Sie auch einen Soldatenhut aufgesetzt — denn zum Geldwegschenken muß Courage nöthig seyn — mein Vater, der könnte! der könnte! — aber er muß keine Courage haben zum Geldwegschenken; das ist mir nicht aus Herz gewachsen.

Lehrhold. Hat recht Karl, zum Wohlthun müssen wir keine furchtsame Hasen seyn; sondern ein Soldatenherz haben.

Karl. Der Hut steht Ihnen recht gut.

Lehrhold. Guten Knaben steht die Verschwiegenheit noch besser (mit dem Finger auf den Mund deutend)

Karl. Keine Seel, weder Dorchen soll es erfahren. (geht ab.)

Fünf = und Zwanzigster Auftritt.

Lehrhold allein.

Lehrhold. Diesen Zettel soll Schacher meiner Freundin übergeben — der Jud ist verschwiegen — und dafür soll er auch 2 Gulden mehr haben, als er für Hanchens kleinen Brautschatz gezahlt hat. (er streicht das Geld) Acht Dukaten (sie betrachtend) ich wollte ihr gern mehr schenken dem guten Kind — aber kann ich mehr als meine Freiheit schenken? Ich verliere sie gern für sie — wenn nur Hanchen nicht um ihre aus Noth verkaufte Sachen weinen darf —

Scha=

Schacher bekömmt seine 20 Thaler zurück — hat noch Profit — und trägt Hanchen das bißchen Silber, Kupfer und Zinn zurück — ich löse es theuer aus! — aber ich würde für Hanchen auch mein Blut geben.

(geht ab.)

Ende des zweiten Aufzugs.

Dritter Aufzug.

Erster Auftritt.

Lehrhold (sitzt in stiller Traurigkeit da unterdessen — Donner mit einem Glas Wein vor ihm steht —) auf dem Tische stehen Bouteillen und Gläser.

Donner. (munter) Hanchen soll Leben, vivat! (er trinkt) munter Herr Kammerad, munter! — sechs Jahre sind, holl mich der Teufel, in dem lustigen Soldatenstand nur 6 Tage — (trinkt) ich habe schon drei Kapitulazionen ausgedienet, und ein Glas Wein schmeckt mir einmal besser als das anderemal — (trinkt) der Wirth hat uns einen Feldwebel Wein hergegeben. (trinkt) Nun, aus den Gedanken, aus den Gedanken; Courage, Courage! (schüttelt ihn bei der Hand.)

Lehrhold. Lieber Herr Donner, an dem gesetzten Muth meine Pflicht zu erfüllen, soll es nie fehlen. Argwöhnen Sie keine Freiheit bei mir, ich denke nur ein wenig an die Freude, die ich verliere —

Donner. Deutsch heraus — an die Freundin, an Hanchen denken Sie. Schweifen Sie

Ich bin Schulpatron.

die zärtlichen Schäfergedanken mit einem Glas Wein weg. Als Soldat muß man sich nicht so herzbrechend an ein Mädchen fesseln. Ein neues Quartier, ein neues Mädchen — ha, ha, ha, (trinkt)

Lehrhold. So flatterhaft sollte der mannhafte Krieger denken?

Donner. Was hilft das Räsonniren? diese Vernünfteleien müssen Sie sich unter uns abgewöhnen. (Trinkt)

Lehrhold. Aber, um Vergebung Herr Feldwebel, ich dächte Vernunft und Klugheit wäre in jedem Stande ein nöthiges Ding, und dazu ein gesetztes männliches Betragen —

Donner. Ich sag es Ihnen, das Räsonniren haltet keinen Stich; merken Sie sichs: unter uns muß Subordination seyn, da rathe ich es keinem, der mir widerspräche. Potz Schwerenoth! wenn der Kerl der Doktor Faust wäre, und hätte die ganze Fllauffauffie und Juristerei mit Löffeln gefressen; so darf er mir nicht räsonniren; oder, hol mich der Teufel, ich klopfe ihm den Schulstaub aus dem Studiorusmantel heraus, daß ihm die Seele im Leibe wackelt. (trinkt)

Lehrhold. Ich danke für die aufrichtige Erinnerung Herr Feldwebel; Sie wissen sich Respekt zu verschaffen, das ist wahr.

Donner. Nicht wahr? (trinkt) die Subordination soll Leben! vivat!

Lehrhold. Diese erhielt ich bei meinem kleinen Kommando durch Freundlichkeit und Liebe.

Donner. Kinderei, Kinderei! wenn Sie als

Schulkommendant nicht recht zugepeitſcht haben, ſo haben Sie keinen ſtarken Arm, und ſchicken ſich alſo ſchlecht zu einem handfeſten Korporalen. Der Schulmeiſter in meinem Geburtsorte, der wußte ſich ſchärfer Reſpekt zu verſchaffen. Da vergieng, hol mich der Teufel, kein Tag, daß ich nicht 25 Streiche mit der Ruthe nach Haus getragen hätte. Auf Erbſen, oder einem ſcharfen Scheitholz knien, Eſel reiten, bei den Haaren eine Elle hoch hinaufgezerrt worden, Schillinge, Batzen, Ohrfeigen, Naſenſtüber, Rippenſtöſſe — das war unſer tägliches Trinkgeld, wenn wir aufſagten. Er war ſcharf; aber wir wurden auch Leute wie die Türken, abgehärtet wie die Tartarn, ſubordinirt wie Polacken. (trinkt)

Lehrhold. Ich dachte immer als Lehrer der Kindheit, gute Menſchen, nicht furchtſame Sklaven zu erziehen, wäre meine Pflicht; Irrte ich; ſo —

Donner. Schon wieder räſonnirt? daß dich der Donner und das Wetter? das geht bei uns nicht, das geht nicht. (trinkt)

Zweiter Auftritt.

Karl, und die Vorigen.

Karl. Alſo iſt es beſchloſſen, Herr Lehrer, ich begleite Sie. Sie liebten mich hier; dort beim Regimente werden Sie mich wohl auch nicht haſſen.

Lehrhold. Euer Junge! seine Aufrichtigkeit rührt mich. Oft werde ich ihn sehen, und vielleicht bald; aber begleiten mein kleiner Freund, das soll, das kann er mich nicht.

Karl. So hassen Sie mich? verlassen mich? — Ich armer Junge! wie hab ich denn das verdient? Ich hab schon lange nachgedacht, ob ich vielleicht ungehorsam, nachlässig, oder boshaft war, weil Sie mich verstossen? (weinerlich) Aber ich dächte — (Donner bewundert den Knaben indessen.)

Lehrhold. Ich dächte, mein Kind, wir verliessen uns einige Augenblicke (sich eine Thräne abwischend) sonst macht er mich zu weichherzig, und mein Stand, der braucht künftig raschen Muth.

Karl. Ich folge Ihnen zu guter letzt; ich verlasse Sie, um mit meiner Schwester um Sie zu weinen; Aber morgen bringen Sie mich nicht vom Halse; Ich will Sie zum Staab begleiten, und unter der Kompagnie, wo Sie dienen sollen, Tambor werden. (geht ab.)

Dritter Auftritt.

Donner, und Lehrhold.

Donner. Bravo Karl, bravo! Itzt gefällt mir der Junge noch einmal mehr. Hol mich der Teufel, der wird einst einen braven Soldaten geben. Der Bursch denkt besser als sein

Vater, und macht Ihrer Lehre wahrhaftig Ehre. (Trinkt.)

Lehrhold. Lohn genug für das bischen Schularbeit, sieht es der Vater nicht ein: so erkennet es doch der Sohn.

Donner. Und der liebt Sie, wie ich ein rothbackiges Mädchen. Lehrhold! wenn Sie beim Regimente einst Ihre Kammeraden so, wie die Schulkinder lieben; denn übersteigen Sie mich im Avancement. Mich fürchten die Hundseelen, wie den Teufel, denn ich hieb immer in die Kerls drein, wie der Kirschner in die Felle. Furcht muß seyn nach meiner Art —

Lehrhold. Furcht allein erzeugt Haß;

Donner. Also Herablassung, Freundlichkeit wollen Sie?

Lehrhold. Ja diese gewinnt die Herzen und gebietet, wo andre zwingen.

Donner. Wir kommen schon wieder auf das Räsonniren zurück; trinken wir ein Glas Wein dafür. (trinkt.)

Vierter Auftritt.

Dorchen, und die Vorigen — Dorchen, trägt einen kleinen Pack-Wäsche.

Hanchen. (weinerlich) Hier liebster Herr Lehrer, bring ich Ihnen im Namen aller Schulmädchen ein kleines Andenken — von uns — wir.

wir liebten Sie ja recht sehr — so sagen alle — warum verlassen Sie uns denn? wir werden Sie zeitlebens nicht vergessen. —

Donner. (der das Päckchen vorwitzig eröfnet, und Tücheln, — Strümpfe, — Leinwand ꝛc. herauszeigt) Ihr allerliebsten Mädchen ihr! — glücklicher Soldat, den sie einst lieben werden! der wird Sachen mit auf den Marsch bekommen! nun das ist hübsch Dorchen! Herzensmädchen, komm, laß dich küssen! (er will Sie küssen.)

Dorchen. (sich weigernd) Ich würde sie mit meinen Thränen befeuchten, Herr Feldwebel, so viel hab ich heute schon geweint.

Lehrhold. (der einige Zeit in einer angenehmen Verlegenheit war, und nur mit Geberden redete.) Gute, liebe Seele! warum kann ich doch nicht zeitlebens ein so glücklicher, und mit Liebe belohnter Lehrer bleiben?

Dorchen. Aber unser Freund?

Lehrhold. Das kann ich, das will ich ewig bleiben. Ich nehm sie an, diese Zeichen eures Dankes, diese Merkmale eurer unschuldigen Liebe. Nie sollen sie aus meinem Besitze kommen; denn sie sollen mich stets an so liebe, gutherzige Schülerinnen erinnern.

Donner. Wenn ich doch auch von so vielen Mädchen, die um 1000 Wochen älter sind, geliebet würde! die — könnten den Feldwebl Donner — mit Präsenten zu rechter Zeit equibiren! allen könnte ich freilich nicht zur Feldweblin Hofnung machen —

Lehr-

Lehrhold. (der die kleinen Geschenke besieht) Und gar eure Namen gebt Ihr mir mit, meine kleinen Freundinen?

Dorchen. Auch unsere Herzen.

Donner. Wirklich, zum Henker, wirklich hat jede (indem er die Wäsche vorzeigt) ihren Namen in ihr Geschenk genähet. O ihr Zuckerpatschgen ihr!

Lehrhold. Aber was soll ich Euch zum Andenken hinterlassen?

Dorchen. Ihre Lehren, diese haben wir tief in unsern Herzen eingeprägt — Andenken genug.

Donner. Das Mädchen spricht wie gedruckt? das wird ein Schnipperle werden.

Lehrhold. Dorchen lernte, list, und fängt an gut zu denken.

Dorchen. Von meinen lieben Herrn Lehrer hab ich gewiß denken gelernt.

Donner. Sehen Sie Herr Kammerad, was einem die Mädchen alles schönes sagen, wenn man Soldat ist. Solche Zärtlichkeiten hört kein Bürger, kein Bauer.

Lehrhold. Wenigstens hab ich den Lohn als Bürger verdienen wollen. Ich lehrte! die Lehrlinge danken mir. Welcher Lohn!

Dorchen. Zu wenig für Ihre Mühe.

Donner. So dankt mir kein Rekrut, den ich das Exerzieren auf den braun und blauen Buckel aufgeschrieben hab? Herr Kammerad! Sie sind glücklicher.

Lehrhold. Wird dann Güte und Leutseligkeit unter den Waffen verachtet?

Don=

Donner. Nach der Waffenübung denkt man zärtlicher; aber unter den Waffen flucht man Hölle, Teufel, und tausend Sterne und Kreuze herunter.

Dorchen. Das kann ich nicht hören; denn bei meinem Herrn Lehrer bin ich das nicht gewöhnt.

Donner. Der hat Euch alle verzärtelt.
(trinkt.)

Lehrhold. Und doch sprechen oft Krieger mehr von Zärtlichkeit als der darbende Schulmeister.

Dorchen. Nur Schade um Sie, so sagen alle Mädchen im Dorf, nur Schade! (geht ab.)

Fünfter Auftritt.

Lehrhold, und Donner.

Donner. Das Mädchen gefällt mir. Sie will ihren Lehrer nicht vergessen; und wie geschwind ist der Soldat aus den Augen, aus dem Sinn!

Lehrhold. Glaub es nicht; denn sonst würde unser einer auf sie nicht eifersüchtig werden.

Sechster Auftritt.

Dick, und die Vorigen.

Dick. (hereintretend) Ja eifersüchtig, eifersüchtig; denn Herr Lehrhold ist nur einige

Mi-

Minuten Soldat; und schon bin ich auf ihn eifersüchtig.

Donner. Und was soll ich als neugebackener Feldwebel dazu sagen? hol mich der Teufel, Lehrhold als Rekrut ist glücklicher, als ein vom Staab vorgestelter Unteroffizier?

Dick. Das sag ich auch.

Lehrhold. Das fühl ich nicht.

Donner. Das wird sich zeigen.

Siebenter Auftritt.

Hanchen, und die Vorigen.

Hanchen. (beim Hereintreten) Es zeigt sich wahre Freundschaft auf der Stelle.

Lehrhold. Als wahrer Freund wollte ich mich stets zeigen.

Dick. Da haben wir ein Schäferspiel; ich kann die Narretei nicht anhören. (geht ab.)

Donner. Ich muß meinem melancholischen Rekruten schon einen kleinen Zeitvertreib gestatten. (geht ab.)

Achter Auftritt.

Lehrhold, und Hanchen.

Hanchen. Lehrhold!

Lehrhold. Hanchen!

Han-

Hanchen. Sie mich verlassen?

Lehrhold. Nur um Sie zu behalten, wenn Sie mich lieben.

Hanchen. Aber Ihr itziger Stand?

Lehrhold. Der soll mich Ihrer Hand noch würdiger machen.

Hanchen. Können Sie mir werther werden?

Lehrhold. Ich versuche es wenigstens, ob ich nicht auf eine andere Art meinem Hanchen mehr gefallen würde, als mit der Miene des armen Schulmeisters.

Hanchen. (gerührt) Wir sind nicht mehr so arm, als Sie vielleicht aus Kleinmüthigkeit glaubten. Es ist alles bezahlt, und ich habe, durch einen unbekannten Freund, dessen Großmuth vielleicht Sie erbeten haben, meine verkauften Sächelgen alle ausgelöst zurück erhalten. Aber was hilft alles dieses? hab ich nicht Kleinigkeiten geschenkt bekommen, um dafür alles, meinen liebsten Lehrhold zu verlieren? (sie wischt sich Thränen ab.) sonst waren Sie so gelassen, so geduldig in den verdrüßlichsten Umständen, und wegen den hartherzigen Verfahren des Amtmanns, wegen einigen Beleidigungen, die Ihnen rohe Menschen anthaten, opfern Sie sich hin? verlassen mich? —

Lehrhold. Ich leide sie gern diese Vorwürfe, weil ich sie nicht verdiene. Mein Schritt ist für Hanchen gethan und er beleidigt sie? o wüßten sie — wie ungern ich Sie verlasse.

Hanchen. (entschlossen) Sie sollen mich nicht verlassen; Ihr Hanchen wird Sie begleiten

ten — doch meine Mutter! — ich bin auch Tochter! aber auch Ihre Geliebte! — wo soll ich mein Herz hinlenken?

Lehrhold. Bleiben Sie ruhig, mein Kind, mein Plan ist gemacht.

Hanchen. Darf ich ihn wissen?

Lehrhold. O — ja; die Liebe hat ihn ausgedacht. Hören Sie also. Ich will mich durch eine gute Aufführung und durch Bravthun einer Charge würdig machen und denn meinen Degen Hanchen zu Füssen legen.

Hanchen. Die Liebe baut Schlösser in der Luft — belohnt man allzeit arme Verdienste?

Lehrhold. Nun so will ich mich dem Herrn Obristen, der unser Gutsherr ist, zu Füssen werfen, ihm meine Liebe, meine Verfolgung, und meinen Schritt für Hanchen gestehen — nein doch —

Hanchen. Ihren Schritt für mich? was hör ich? — sollten Sie? — (für sich) doch es war seine Schrift nicht — sollte ihm Dick geborgt haben? — (lauter) aber die Soldaten bekommen ja auch Geld, wenn man sie anwirbt —

Lehrhold. Nur Hanchen war mein Engagement, nur ihr Herz mein Handgeld.

Hanchen. Nun bin ich Ihnen auf der Spure — allzugroßmüthiger Freund! dieses Opfer verdiente ich nicht, ich muß, ich muß den Juden aufsuchen —

Lehrhold. Ersparen Sie sich Ihre Mühe —

Ue-

Ueberlassen Sie mich meinem Schicksal; Sie sind gerettet. —

Hanchen. Und ich will Sie auch retten (gerührt) das war zuviel, Lehrhold, zuviel für ein armes Mädchen!

Lehrhold. Der Argwohn vergrössert in Ihren Augen Kleinigkeiten. In der Nähe betrachtet, ists oft ein Würmchen, was von Weiten glänzte.

Hanchen. Und ich muß Ihrer edlen Handlung näher, um zu sehen ob ich getäuscht bin — ich, die ich Ihr Herz zu lauter schönen Thaten geneigt weiß, und meinen Lehrhold kenne. Bald, bald komm ich mit zärtlicheren Vorwürfen und mit wärmeren Dank zurück.

(geht eifersüchtig ab.)

Neunter Auftritt.

Lehrhold, allein.

Lehrhold. Mein unschuldiger Betrug wird nicht lang verborgen bleiben — wenn ich nur vorkommen und den Juden fortschaffen könnte! denn zu Lügen hab ich ihn nicht verbunden — und er log auch nicht, als er Hanchen sagte, daß er von einem guten Freunde geschickt sey — sollt er noch hier im Hause seyn? muß sehen, muß sehen. — (geht ab.)

Zehnter Auftritt.

Grollius, Schrepfer, Dick. (von einer andern Seite ankommend.)

Dick. Der Feldwebel giebt schön auf seinen Rekruten acht, ha, ha, ha! wenn ihm noch obendrein der Landläufer mit dem Handgeld davon lief?

Schrepfer. Esset jocus, das wär ein schöner Spas!

Dick. Er war unlängst hier; ich hörte ihn mit dem betrogenen Mädchen reden.

Grollius. Die ist auch gesetzt — vielleicht auf Zeitlebens unglücklich gemacht — ich vergönn es dem nasenweisen Ding von Grund meines Herzens; ha, ha, ha.

Schrepfer. Et ego. Auch ich häb mich über das stratagema des vagabunden und neoterischen Landläufers nicht satt lachen können — risu digna, lächerliches Zeug geschieht doch auf der Welt.

Dick. Der schönste Zeitvertreib wird morgen seyn; wenn der Marsch des herzallerliebsten Rekrutens wird vor sich gehn.

Grollius. Da lad ich mich schon zum voraus auf ein Frühstück ein.

Schrepfer. Non minus ego, auch ich als sein successor.

Dick. Baste, Baste! Kaffe, Rosoli, Würsteln, Wein alles soll in Bereitschaft seyn —

Grol=

Jch bin Schulpatron. 83

Grollius. Fröhliche Lacher müssen sich stärken — und lachen wollen wir —

Schrepfer. Ex corde toto — wollen wir bei diesem spectaculum in einer erlaubten, unschuldigen eutrapelia über diese unglückliche Schäfergeschichte des Normallsten, meines weiland prædecessoris das Zwerkfell erschüttern; ein risus sardonius soll das seyn, ein Spas cum grano salis.

Grollius. Das Frühstuck wird schmecken! närrisch wird der Kontrast seyn, pudelnärrisch, sag ich, das Völkchen — das wir nun gedemüthigt haben, wird bittere Zähren weinen — ha, ha, ha —

Dick. Zum Teufelholen, ha, ha, ha,

Schrepfer. Risu enecabor ha, ha, ha,

Grollius. Und wir werden uns bei einem guten Frühstuck die Haut vollachen.

Schrepfer. Abeat in omnem pestem! werde ich (er segnet mit der Hand) als sein amicus, scilicet den nebulonem segnend, oft dabei ausruffen, jocus erit, ein Spas wird entstehen; jurare vellem —

Dick. So, so, es bleibt also bei diesem jocus pocus (den Wein auf den Tisch erblikend) Ihr Herrn trinken wir auf die Gesundheit des Rekruten; der Tambor zahlt alles; der Kerl hat baar Handgeld bekommen: (er schenkt ein)

Schrepfer. Verum est; her damit (nimmt ein Glas)

Grollius. Ists ein Sechzehner? bitte, nur um zu kosten (nimmt auch ein Glas)

Schrepfer. — Pereat, der Witzling soll zum Profosen tranſmigriren — (er trinkt und die übrigen folgen ſeinem Beiſpiel, als eben gåhling Donner hereintritt, der ſie belauſcht hatte.)

Eilfter Auftritt.

Donner, und die Vorigen.

Donner. (heftig) Mord, Tauſend, Höll, Donnerwetter, Kreuzbataillon und ſechs- und dreißig Millionen Bombenkeſſel! wer unterſteht ſich hier mir meinen Wein, der ſchon bezahlt iſt, auszuſaufen?

Alle ſtehen wie verſteinert und halten die Gläſer in Händen.

Donner. Ihr verfluchten Kerls ihr! tref ich euch hier beiſammen an? hab ich euren Spitzbübereien nicht ſchon lange genug zugehört? ſo geht ihr mit einem braven Mann um, der eure Kinder um einen Bettlerſold gelehrt hat? ſo traktirt und foppt ihr einen ehrlichen und geſchickten Kerl, der itzt mein Kammerad iſt? wartet ihr ſollt dieſes Hausgelächter büſſen — ich muß an ſolchen Bärenhäutern mein neues Rohr probiren. (er ſchlägt darein und behauptet die Thüre.) (alle erheben ein jeder Geſchrei) Gewaltthätigkeiten, Wache her, Mörder Exceſſen! ꝛc.

Ich bin Schulpatron.

Zwölfter Auftritt.

Unter dem Lärm der Vorigen, tritt gähling der Obrist von Edelfeld, mit ihm Lehrhold, Christine, Hanchen, Schacher, Karl, Dorchen, eine Ordonnanz und einige Bauern herein.

Edelfeld. Was seh ich? welcher Lärm? Feldwebl! also zum Abschied noch Exzessen? (zum Amtmann) auch er bei der Balgerei Amtmann (zum Wirth) geht es in eurem Gasthofe so zu? (zum Schrepfer) er ist gewis hier um die blutige Köpfe zu verbinden? euch Kerln wäre zwar recht geschehen, wenn euch mein Feldwebel auf meinem Befehl rechtschaffen abgedroschen hätte, und dieses zu eurer wohlverdienten Straffe — aus eigener Uebereilung hat er freilich gefehlt, er Eisenfresser. (zum Feldwebel.)

Donner. Euer Gnaden mein Herr Obrister, ich wollte gern drei Täg krumgeschlossen im Stockhaus sitzen, wenn ich dies Rohr nur an diesen Galgenvögeln hätte zu Flachsfäden zersplittern können! diese schwarzen Seelen hätten schwarze Rücken verdient.

Edelfeld. Still, ich weiß alles.

Grollius. Euer Gnaden!

Schrepfer. Illustrissime domine Patrone!

Dick. Meine allergnädigste Herrschaft!

Edelfeld. So geht es auf meinem Gute zu? Ich hab in der Schule, die ich zu bauen gedenke und gleich bei meiner Ankunft besah, alles umständlich erfahren. So wird der ehrliche Mann behandelt, der eure Kinder, die Kinder meiner Unterthanen lehrte? Undankbare!

Grollius. Aber Euer Gnaden erlauben ohnmaßgeblich diese Neuigkeiten, die der Lehrer da einführen will, lassen sich doch bei Landkindern schwer einführen, und —

Edelfeld. Kein Wort mehr in diesem Ton, unbesonnener Mann, sonst — — er sagt, diese nützlichen Neuerungen liessen sich nicht einführen? Und sind doch schon eingeführt. Hier diese Kinder (auf Karln und Dorchen) zeugen wider seine Lüge, und wider die Unachtsamkeit ihres rohen Vaters, der weder weiß, was seine Kinder kennen — und undankbar ihren armen Lehrer verfolgt. Er hat, wie ich sehe (zum Feldwebel) an diesen Knaben einen geschickten Gehilfen im Rapportschreiben gehabt; denn der Knab zeigte mir in der Schule sein Schreibbuch, und ich fand und entdeckte endlich die Aehnlichkeit in beiden Schriften.

Donner. Ich gesteh es Euer Gnaden, Lehrhold und dieser Knab waren meine Lehrer im Schreiben. Durch die Nachahmung ihrer regelmäßigen Züge hab ich mir eine gute Faust erworben.

Dick. (sich wundernd) Also mein Junge, kann wirklich schon schriftlich apportiren? ich dachte,

dachte bei der neuen Schule lernen die Kinder nichts.

Edelfeld. Seht wie wenig ihr eure Kinder, wie wenig ihren Lehrer kennet (zum Schrepfer) Schrepfer wie steht es mit eurer Schuld bei der armen Wittwe da?

Schrepfer. Dieses kleine debitum illustrissime domine ist schon bezahlt.

Donner. Wie wäre es, wenn dieser Stock ihm heute zum zweitenmal gefährlich wäre? (zeigt ihm den Namen) kennt er diesen Namen, des seligen Schulmeisters, der ihm diesen Lohn für seine methodische Hinrichtung noch auf dem Todbette gab?

Schrepfer. Meine memoria und Aug nimmt täglich ab (sehr betroffen) Hier ist der aus Irrung bekommene Thaler, Frau Nachbarin. (giebt ihr beschämt den Thaler.)

Christine. Ist alles verziehen, daß Gott erbarm, ist alles vergessen Herr Schrepfer.

Edelfeld. Und mit einem so schlechten Auge, das die Buchstaben auf diesem Rohr nicht mehr steht, mit einem so kurzen Gedächtnisse, das sobald ehrliche Bezahlungen vergießt, will Schrepfer ein Schullehrer werden, und aus Neid und Vorurtheil einen geschickteren Mann, der eine arme Familie ernährt, aus der Schule verdrängen? ich habe Mitleiden mit seinem Alter; sonst —

Schrepfer. (auf die Knie fallend) Illustrissime domine, ich bitte und supplicire wenigstens

stens mich nicht mit der Fauſt des generoſi domini Donner zu beſtraffen — eſt graſſus gladiator.

Edelfeld. Das ſag ich ihm, rede und handle er mir deutſch und mach er mir keine lateiniſche Stänkereien.

Grollius. Auch ich Euer Gnaden erkenne meine Uebereilung und bitte derohalben ohnmaßgeblich (knieet nieder) — und fußfälligſt, um mir Dero gnädigſtbarmherzigſte Pardonnirung aus Hochdenenſelben mildeſtangeborner Güte einsweilen flieſſen zu laſſen; ſindemahlen ich nicht ohnermangeln werde, allſeitige Genugthuung und Satisfaktion, in Sachen und da wo es nöthig zu ſeyn, erachtet würde — zu leiſten?

Edelfeld. Steht auf, und beſſert euch. Dies freiwillige Geſtändniß eures Verbrechens iſt euer Glück, ſonſt hättet ihr zittern ſollen. Aber wie wär es, wenn ich euch zum Schreiber herabſetzte, und den euch ſo verhaßten Neuling, dieſen braven Rekruten zum Amtmann machte?

Lehrhold. Da würde ich ſelbſt für ihn bitten Euer Gnaden!

Hanchen. Er hat Kinder Euer Gnaden!

Edelfeld. Und hat doch kein Mitleid mit Waiſen! zu ſeiner Demüthigung alſo wird der Schulfeind mit ſeinen Kammeraden Schrepfer und Dick durch 4 Wochen eine Stunde täglich mit den andern in die Schule gehen und Dinge kennen lernen, die ſie verachten, ohne ſie zu kennen.

Alle drei. Das heißt Gnade!

Ich bin Schulpatron. 89

Edelfeld. Er aber edler junger Mann, der um seine Freundinen zu retten, und um den Brautschatz seiner Geliebten auszulösen, heute seine Freiheit hingab, er sey seines versprochenen Militärdienstes entlassen. Fahr er fort dem Staate in der Schule zu dienen. Auch hier sind geschickte Leute nöthig, aber sie wollen auch essen diese Leute. Amtmann wer hat mehr Lohn, der Großknecht im Meierhof oder der hiesige Präzeptor?

Grollius. Der Großknecht hat 12 Thaler und der Präzeptor nichts in Fixo, außer daß ihm der selige Schulmeister von seinen 10 Thalern in Fixo, 3 Thaler gab, das übrige zur Kleidung muß er sich in den Schenkhäusern mit der Violine verdienen.

Edelfeld. Da hat mein Vorfahrer in dem Besitze dieses Gutes schlecht für den armen Schulmann gesorgt. Ein Großknecht ist doch immer leichter als ein Präzeptor herangeziegelt — ich will diesen Leuten Brod geben, und hier gleich den Anfang machen. Lieber Lehrhold, in den Städchen, wo der Staab meines Regimen liegt, ist der altgediente Lehrer gestorben; dies Stelle trag ich also ihm auf; und weil ihr vorhin seine Geliebte um acht Dukaten Handgeld brachte, so sollen ihm Zeitlebens zum Ersa an dem heutigen Tag 8 Dukaten aus meinen Renten gezahlt werden.

Lehrhold. Euer Gnaden, zuviel unverdiente Güte!

Edel-

Edelfeld. Und damit er sich die Mühe und Kosten erspare, dieses jährliche Handgeld seinem Hanchen zuzuschicken —

Schacher. Ich will sie immer tragen die Dukaten, und mein Seel!

Edelfeld. Geduld! — so will ich ihm seine Freundin näher bringen, wenn sie zufrieden ist (er legt Hanchens Hand in Lehrholds) nun wäre nichts übrig, als zur Fahne zu schwören.

Lehrhold. Welche Aufmunterung für Schulleute, solchen Herrn zu dienen!

Edelfeld. Ich that nur meine Pflicht — denn ich bin Schulpatron; ich muß fragen: hat der Schulmeister auch Brod?

Karl. Nun so bekomm ich selbst Lust ein Schullehrer zu werden.

Edelfeld. Lehrhold soll dich dazu erziehen, mein Sohn.

Christine. Welches Glück, wenn die Herrschaft die Schule schützt, und ein Vater des Lehrers und der Kinder ist.

E n d e.